Estrategia de contenidos
Técnicas para que tu empresa crezca

Eva Sanagustín

Índice

Índice

Índice

Expectativas puestas en los contenidos

¿Hay relación entre los recursos dedicados y el éxito de una estrategia? ¿Tú qué crees? La mayoría de las veces que he hecho esta pregunta, la respuesta ha sido *sí* (aunque poco a poco van ganando los *no*). Yo estoy convencida de que no hay una relación tan directa como parece y con este libro busco que tú tampoco lo estés. Enseguida verás por qué.

Los ejemplos son **una buena forma de convencer** a cualquiera. Llámalos casos de estudio, de éxito o simplemente listas de logotipos de clientes. Tras ellos se busca descaradamente la **motivación**: 'si lo he hecho para ellos, también puedo para ti' o 'si ellos lo hacen, tú también puedes'.

Este planteamiento funciona la mayoría de las veces, pero no siempre: cuando la persona a la que queremos motivar no conoce el ejemplo, no le tiene **simpatía** o no se siente **identificada** con él, es más difícil. Me ha pasado más de una vez en las sesiones de formación que imparto: pongo un ejemplo de contenidos de una empresa y alguien me replica que su negocio **no se puede comparar** con ese. Cuando les pregunto, los típicos motivos que les llevan a creer eso son el sector (alejado del suyo) o los recursos que tienen (por el tamaño de la empresa).

Pero mi experiencia me dice que el problema real no es ese: sencillamente, esa persona buscaba una solución que **imitar** y no un medio para **inspirarse**. No creo, en ningún sentido, que los contenidos funcionen como un 'copiar y pegar'. Así lo veo yo:

- Aunque seas autónomo y no puedas invertir nada en contenidos, puedes sacar ideas de las multinacionales con grandes presupuestos.

- Si eres una empresa de servicios B2B, puedes tener en común algo con una de productos B2C que despierte tu imaginación.

- Las administraciones públicas pueden utilizar los mismos canales que los de una pyme, solo han de adaptarlos a sus objetivos.

Los recursos de una start-up nunca serán los mismos que los de una fundación privada, eso está claro. Pero, ¿por qué no pueden aprender la una de la otra? Solo hay que **dimensionar el esfuerzo** y **gestionar las expectativas** para que nadie acabe pensando que los contenidos no sirven.

Por ejemplo: una empresa que acaba de fundarse puede hacer lo mismo que una que lleva 10 años en el mercado pero **los resultados serán diferentes**. No tanto porque tengan recursos diferentes, si no porque la primera aún no existe para nadie y la segunda ya es conocida por muchos. Así que, aunque las dos hagan un vídeo genial, la primera tendrá que esforzarse más para conseguir las mismas visualizaciones que la segunda.

¿En eso influyen los recursos? Claro, con **dinero** se puede hacer un vídeo mejor grabado y promocionarlo en múltiples canales. Pero entonces, ¿las buenas ideas se compran con dinero?

No siempre. Puedes ser pequeño y dedicar más **horas** a tener una idea genial, más fresca y original que te ayude a conseguir (casi) tanto como si pagases por publicitarla.

Visto desde otra perspectiva, ¿las empresas grandes pueden permitirse **arriesgar** para experimentar con nuevos canales o formatos? Algunas más que otras pero, cuando lo hacen, sacan buenos aprendizajes. Las pequeñas no hacen tantos experimentos porque prefieren ir a lo seguro.

Resumiendo, los ejemplos sirven para aprender **buenas prácticas** de unas y **creatividad** de otras. Por eso este libro trata de empresas de todo tipo. No para dar pautas centradas en un único perfil, si no para inspirar a cualquier tipo de lector a probar el buen uso de contenidos (lo que irremediablemente para mí está vinculado con el marketing de contenidos). Pero no es un manual de todas las cosas que pueden hacerse con ellos: no es un manual de SEO, ni de inbound marketing, ni de branded content... aunque lógicamente hablaré de todo ello porque son posibles estrategias de uso de los contenidos.

Afortunadamente, cada vez hay más empresas que demuestran que **se puede sacar rendimiento a una buena estrategia de contenidos**. Seguramente, si no conocieses alguna de ellas, no te hubiese interesado este libro. Al ver lo que hacen, es fácil darse cuenta de los beneficios que consiguen. Más adelante hablaremos de objetivos concretos que se pueden lograr con los contenidos pero si te preguntas por qué deberías usarlos, te avanzo varias razones:

- Consigues darte a conocer y posicionarte en tu mercado.

- Ganas reputación y eres mejor considerado.

- Aumentas las ventas al lograr que más usuarios confíen en ti.

Entonces, ¿es obligatorio tener una estrategia de contenidos o hacer marketing de contenidos? No tan rápido... hay varias respuestas posibles y por eso quizá también te estás preguntando si esto de los contenidos es para ti. Antes de seguir, te voy a dar algunas ideas que tan pronto te pueden indicar que sí como que no.

Cada sector tiene sus peculiaridades, cada negocio es diferente y cada comunidad puede comportarse de manera opuesta. Lo que a unos les funciona, a otros no; lo que para unos es agua cristalina, para otros es un drama de proyecto. No hay plantillas que copiar, solo ideas que adaptar.

Dicho esto, espero que sea evidente que responder sin miramientos que 'sí, todo el mundo debería hacer marketing de contenidos' no tiene sentido. Hay agencias que lo venden a sus clientes con afirmaciones similares pero yo no lo veo así: **quizá tú no necesites usar los contenidos** de esta forma (ya he dicho que hay muchas otras posibilidades).

Te pongo unos ejemplos donde no te harían falta para verlo más claro:

1. Cuando tu **producto** se basa en la compra de proximidad como pueden ser locales y tiendas de barrio, es decir, si eres un minorista que no distribuye online.

2. En el caso de que el **usuario objetivo** de tu empresa no utilice los medios sociales con asiduidad para informarse o pasar el rato.

3. Si tu negocio necesita conseguir **resultados** rápidos porque el tiempo es de alguna manera determinante en tu éxito.

¿Encajas en alguna de esto? Pues el marketing de contenidos no es tu solución ideal. Pero no dejes de leer todavía, todo es matizable. Por eso vamos a ver estos mismos ejemplos desde la perspectiva contraria: en lugar de ver los contenidos como una inversión inútil, veámoslos como **una oportunidad**.

1. Quizá sea un buen momento para tratar de **ampliar** negocio y abrir una pequeña tienda online que sirva para aumentar poco a poco los resultados. ¡Sal del barrio y ábrete a tu ciudad!

2. Quizá se puede combinar el canal tradicional con el digital para **complementarse** y mejorar el alcance de los contenidos.

3. Quizá la frase que defina la estrategia de tu empresa no debería ser 'pan para hoy, hambre para mañana', lo mejor sería cambiarla para pensar a **largo plazo**.

Ya ves que todo se puede enfocar de diferentes maneras y que no hay verdades absolutas pero sí te voy a dar un par de consejos para acabar de decidir si los contenidos son lo tuyo o no:

- No trates a los contenidos como algo aislado. Piensa en ellos como lo que te puede ayudar a mejorar tu situación si lo complementas con lo que ya tienes. No ha de ser complicado, más bien divertido.

- No te quedes con un formato. Piensa más allá del blog o de Facebook: hay muchos tipos de contenidos que las empresas pueden usar para alcanzar tus objetivos.

- No creas que eres la única persona haciéndose esta pregunta. Piensa que tu competencia puede estar en la misma situación y que alguien tiene que romper el hielo. ¿Por qué no ser tú quien empiece a crear buenos contenidos y así destacar un más?

Espero haber generado alguna inquietud en tu interior y hayas visto más claro de qué lado de los contenidos es más interesante estar. Ahora 'solo' te falta ponerte manos a la obra. ¿Empezamos?

Madurez de la estrategia de contenidos

Bien, ya estamos de acuerdo en que los contenidos son algo, como mínimo, a tener en cuenta. Lo mejor será empezar explicándote **cómo he organizado este libro** para que puedas aprovecharlo al máximo. Ya has visto que el índice está dividido en 3 grandes partes: básico, intermedio y avanzado.

Y el título lo deja bien claro: el objetivo es que tu negocio vaya evolucionando junto con tus contenidos o, en otras palabras, que tus contenidos hagan crecer tu empresa. Enseguida entenderás cómo.

El modelo de madurez de capacidades puede utilizarse para **clasificar la situación en la que se encuentra una empresa**. Se divide en varios niveles con unas determinadas características que cada organización debe ir incorporando a sus procesos para poder avanzar y así considerar que ha madurado en algún aspecto.

Es una evolución similar a la del ser humano: hay que gatear y andar antes de correr. Este es un aprendizaje que está relacionado con la **edad** pero el paso de adolescente a adulto llega en diferentes momentos según la persona. Cuando hablamos de empresas, su madurez tampoco tiene nada que ver con los años que lleva en el mercado, es más bien una cuestión de buen juicio.

El modelo de madurez de capacidades puede aplicarse a diferentes sectores (inicialmente se diseñó para la implementación de software).

Adaptado a los contenidos, la **madurez de la estrategia de contenidos** es una manera de clasificar a las empresas según cómo incorporan los contenidos en los procesos de su día a día, los recursos que utilizan para crearlos y distribuirlos o cómo los miden.

Por ejemplo, una empresa puede llevar años en el mercado pero acabar de descubrir los contenidos y una start-up enfocarse desde el inicio al uso profesional de los contenidos. Serían dos casos de madurez inversa a lo que se espera por sus años de vida. Curiosamente, el Content Marketing Institute (CMI) en sus investigaciones utiliza la edad (de primeros pasos a adulto) para categorizar las empresas pero añade un punto de **sofisticación** para el último nivel (por cierto, el menos utilizado según sus estadísticas).

El modelo de capacidades tiene **5 niveles** y la empresa progresa a medida que va mejorando su estrategia de contenidos: desde que lo hace casi intuitivamente hasta que logra la profesionalización entendida como un estado donde se obtienen resultados de manera justificada y argumentada gracias una estrategia previa.

Por mi experiencia, los límites entre ciertos niveles se difuminan en la realidad por lo que he optado por simplificar esta clasificación y reducirla a la también conocida de básico, intermedio y avanzado. El **nivel 0** no lo tendré en cuenta porque es donde se encuentran las empresas que no utilizan contenidos o no los consideran un recurso valioso para sus estrategias así que prefiero empezar por los que al menos demuestran un cierto interés en incorporarlos a su día a día.

Nivel básico

Cuando una empresa empieza a utilizar los contenidos atraída únicamente por la **curiosidad**, es decir, porque ha leído algo sobre ellos o le han dicho que podrían ser 'la solución a sus problemas', se encuentra en el escalón más bajo de su evolución hacia la madurez (nivel llamado *inicial*).

Si la empresa lleva unos años activa, quizá tenga contenidos pero que no los ve como una oportunidad. Seguramente tenga una web obsoleta, un blog que no actualiza o una newsletter de frecuencia incierta, además mira con desconfianza a las redes sociales porque no tiene criterio como para utilizarlas con suficiente frecuencia.

No hay recursos o presupuesto asignados a nada que tenga que ver con una estrategia de contenidos. Como mucho, lo hay para el mantenimiento técnico de la web. Los esfuerzos por mejorar en esta etapa los han de dar personas individuales que quieran liderar el cambio de actitud hacia los contenidos. Puede ser dentro de un departamento (posiblemente de marketing) o ser el propio director general quien lo proponga.

El objetivo de la empresa en este nivel es aprender. Por ejemplo, se interesa sobre las posibilidades de los contenidos pero también por el funcionamiento de las plataformas de publicación. Para ello, se registra y prueba, lee y se documenta, malinterpreta opciones y comete errores.

Lo que publican estas empresas es básicamente autopromoción, hablar de lo que pueden ofrecer a sus clientes. **La marca es el centro del contenido** y su presencia digital se basa en canales propios. Esta etapa se caracteriza por ser desordenada: se generan contenidos corporativos sin reflexionar previamente sobre las consecuencias que puede tener lo que hace porque no hay un plan detrás.

Pronto llegan los problemas de este caos: **no se ven resultados a corto plazo.** La empresa se da cuenta entonces de que así pierde el tiempo y se arrepiente del que ha dedicado (aunque no era mucho). Muchas abandonan aquí sin intentar siquiera avanzar un escalón porque prefieren huir a implicarse un poco más.

Al perseverar, aumenta un grado el nivel de madurez (al que se identifica como *repetible*). Sigue siendo todavía un acercamiento básico a la estrategia de contenidos, pero se intenta mejorar porque se toma consciencia de que **el caos creado está dañando a la empresa** y le impide avanzar.

La frustración al compararse con la competencia y las primeras reacciones del usuario hacen que el objetivo varíe del aprendizaje hacia el control: **querer controlar la situación** es ahora lo que preocupa a la empresa. El marketing de contenidos, aunque quizá se prueba, parece una mala idea porque da la sensación de que aleja al cliente de la empresa.

Se empiezan a sistematizar algunas tareas y se fijan mensajes básicos que dan **ilusión de planificación y orden.**

Se invierte en dar un buen aspecto a los canales propios y en el seguimiento básico de la reputación que permite cada canal, es decir, se mantiene una actitud reactiva a lo que ocurre.

El tamaño aquí influye un poco: puede ser que, teniendo diferentes departamentos, cada uno actúe por separado. Esto hace aumentar la necesidad de una guía o supervisión común para toda la empresa. Y si se trata de un par de socios, la idea de que es responsabilidad solo de uno de ellos tampoco ayuda a los contenidos.

Todavía no se documenta ni pacta una estrategia de contenidos porque **los recursos que se utilizan son mínimos**, solo humanos: la persona que lidera la transformación es la que dedica más horas y la que trata de mantenerse en el camino hacia la madurez.

Nivel intermedio

Cuando una empresa documenta su estrategia de contenidos, se encuentra ya en el punto medio de su madurez: deja atrás el descontrol causado por decisiones sin meditar o basadas en el azar y avanza hacia una gestión profesional de los contenidos donde **se argumentan las acciones tomadas**. Es un gran paso porque se vuelve más reflexiva.

En este nivel (conocido como *definido*), se utiliza la estrategia de contenidos para organizar mínimamente los procesos internos de la empresa, enfocar los mensajes corporativos y producir los contenidos de manera coherente a los objetivos que se persiguen. Ahora sí hay un por qué en las decisiones: **se han definido metas y tácticas para lograrlas**.

Mientras que en el nivel básico solo se reaccionaba a lo que ocurría, en este punto la empresa es capaz de generar contenidos para sus usuarios de forma proactiva. **Se valora más la cantidad que la calidad** ya que se ha heredado del nivel anterior la necesidad de cubrir todos los canales posibles.

El volumen de los contenidos hace que aparezca la preocupación por aparecer en las páginas de resultados, el querer destacar más que otras empresas. Se utilizan **estrategias de posicionamiento en buscadores (SEO) y los medios sociales** de una manera más intensa para mejorar la presencia online. Sigue la preocupación por la reputación, aunque más enfocada a las posibles crisis online que puedan aparecer que intentar que a la audiencia se lleve una imagen acertada de la marca.

Por ello no dejan de generarse contenidos autopromocionales, aunque se mezclan con aquellos un poco menos corporativos donde la marca no es la única protagonista. También se atienden a las necesidades de contenidos del usuario: **el marketing de contenidos se afianza en la estrategia** para contribuir a los objetivos generales de la empresa.

La inversión en contenidos aumenta: se pasa de querer hacerlo todo dentro de la empresa para mantener el control a buscar especialistas profesionales. Se externalizan tareas como la creación de artículos, el diseño de infografías o la gestión de redes sociales. También se empiezan dedicar algunos recursos a la promoción de contenidos por la vía publicitaria para aumentar el alcance y con él justificar las decisiones tomadas.

Poco a poco, la empresa empieza a ver los resultados pero la mayoría de las veces aún funciona en modo piloto automático, preocupándose más por el día a día que por rentabilizar mejor su esfuerzo. Cualquier excusa es buena para estancarse en la rutina y no buscar formas de mejora.

Nivel avanzado

Cuando la empresa no solo tiene un plan si no que empieza a **medir y optimizar los contenidos** es cuando podemos decir que ha madurado. No todas las empresas llegan aquí, la mayoría se quedan por el camino. Solo lo logran las que han comprendido el valor de los contenidos.

Llegar a este nivel de madurez (es el 4º y se le llama *gestionado*) es una consecuencia lógica del anterior: después de implementar la estrategia es necesario **medir los resultados para conocer su rentabilidad**.

Se pasa de utilizar herramientas sencillas y gratuitas de medición, a ampliar sus características con **versiones de pago**.

Los recursos también se destinan a herramientas de gestión de clientes y leads (CRM), software de **automatización** de marketing, de promoción en redes sociales… Hay una clara voluntad de gestionar los contenidos en sus diferentes fases para aprovechar al máximo sus capacidades y no para controlarlos como ocurría en niveles previos.

La externalización no siempre se mantiene como opción y algunas veces se opta por **incorporar todas las tareas relacionadas dentro de la empresa** creando un departamento con un mayor o número de personas.

El tamaño de la empresa influye en este punto porque habrá un líder que dirija los esfuerzos conjuntos y quien contratará al personal para los contenidos o decidirá cómo formar a los que ya trabajan en ello.

Con cualquier inversión económica (ya sea en herramientas o recursos internos) se hace evidente la necesidad de hacer números, también para **calcular el ROI de los contenidos**. No solo hay que tener en cuenta la dedicación de alguien en tiempo, hay que valorar lo que consiguen los contenidos respecto a los objetivos de la empresa.

Ya no preocupa tanto la cantidad como **la calidad del contenido** por lo que se hacen esfuerzos por conocer mejor a la audiencia. Al conseguirlo se generan mayores ratios de engagement y aumentan las menciones en redes sociales.

Cuando se siguen buscando formas de mejorar e innovar, podemos incluir a la empresa en el último nivel de madurez (*optimizado*). Por un lado, la mejora de procesos lleva a revisar los protocolos de actualización de contenidos y a **buscar formas de optimizarlos**. Se analizan aún más el proceso de compra y el ciclo de ventas para mejorar los contenidos y así ayudar a la empresa a crecer.

Por el otro, la **innovación** es algo a lo que deben aspirar todas las empresas. También cuando se habla de contenidos. El riesgo en la creatividad o el uso diferente de una funcionalidad de una herramienta, por ejemplo, son formas de mantener un uso maduro de los contenidos. Igual que en otras disciplinas, hay que conocer las normas antes de buscar sus límites o de romperlas y por eso esta posibilidad solo se entiende en este nivel.

Se ha establecido una **cultura del contenido** y cualquiera dentro de la empresa puede crear piezas para cualquier canal. Todos los empleados saben cómo hacerlo porque la posibilidad está incluida dentro de los procesos de los diferentes departamentos y hay una guía que les explica cómo proceder.

Por último, se ha conseguido que también tanto el propio usuario como el trabajador generen contenidos sobre su experiencia con una marca. En este sentido, la empresa pasa a ser **una fuente de inspiración** para los usuarios que inicialmente quería controlar pero también para la competencia que antes quería imitar.

Paso a paso, la empresa ha llegado a un nivel en el que los contenidos están integrados dentro de los procesos de la empresa y son reconocidos como un valor clave para todos los departamentos.

Hasta ahí quiero que llegues.

En la práctica

A lo largo de todo el libro te iré planteando cuestiones para que vayas madurando tu estrategia de contenidos. Además, al final de cada parte habrá **una lista de preguntas a modo de resumen** para que puedas responderlas pensando en tu caso particular.

Mi objetivo es que sea un libro práctico, pero no es un cuaderno de ejercicios y no hay espacios en blanco para que los completes.

Te recomiendo que tengas a mano un cuaderno para ir apuntando las conclusiones a las que llegues y así, poco a poco, irás decidiendo tu estrategia (si lo haces, comparte tu foto del proceso en alguna de tus redes mencionándome para que me entere: ¡me hará ilusión saberlo!).

La primera propuesta de reflexión tiene que ver con dónde te encuentras tú o tu empresa. ¿Te has identificado con alguno de los niveles mientras los ibas descubriendo?

Te resumo sus características y objetivos para ayudarte a situar tu punto de partida (y el deseado).

Nivel básico – Inicial

- Características: Descontrolado y caótico, sin recursos.

- Objetivos: Aprender, explorar opciones.

Nivel básico – Repetible

- Características: Reactivo y repetitivo en cuando a mensajes preestablecidos.

- Objetivos: Controlar situación, usuario y competencia; documentar situaciones.

Nivel intermedio – Definido

- Características: Organizado y proactivo, más cantidad que calidad.

- Objetivos: Argumentar las decisiones, crear estrategia que justifique externalizar.

Nivel avanzado – Gestionado

- Características: Preocupado por la rentabilidad.

- Objetivos: Medir resultados, ROI.

Nivel avanzado – Optimizado

- Características: Centrado en mejoras de procesos, más calidad que cantidad.

- Objetivos: Optimizar, innovar.

En la web de este libro encontrarás, entre otras cosas, la bibliografía y los enlaces citados o recomendados en estas páginas para que te sea más fácil acceder a ellos, infografías que resumen cada nivel y un test para ayudarte a identificar en cuál te encuentras: www.evasanagustin.com/estrategiadecontenidos.

Contenido básico, para empresas que empiezan con los contenidos

Si abres este libro por esta parte, es porque quieres:

- Empezar con los contenidos de tu empresa
- Confirmar que lo que has hecho está bien

Las dos opciones son perfectamente válidas aunque quizá la primera sea la que más rendimiento sacará a los pasos que vamos a ir viendo. Si estás entre los segundos, no te preocupes que también encontrarás algunas pistas para ti pero tienes que tener la mente abierta a mis sugerencias si quieres mejorar porque quizá critique algo que ya has hecho.

Lo primero que quiero hacer es **convencerte** del todo, es decir, darte algunos argumentos para quitarte los miedos que puedas tener antes de usar los contenidos y así despertar aún más tu curiosidad para que de verdad te pongas manos a la obra.

Después deberás plantearte las **preguntas básicas** para hacer una estrategia de contenidos, empezando por tu **web** y terminando por activar algunas **redes sociales**, pasando por un **blog** donde empezar a llamar la atención de tus clientes potenciales.

Como estamos en el nivel básico, haremos todo esto de la manera más sencilla posible, pensando en recursos escasos, dedicación mínima y presupuesto cero. ¿No es así como estás ahora mismo?

El objetivo en este momento es sentar una buena base para ir aprendiendo la forma de planificar los contenidos de cara a subir de nivel.

Obstáculos salvables

Los primeros pasos suelen ser difíciles de dar, **nos domina la inseguridad y el miedo a cometer errores.** Caerse y levantarse es inevitable en cualquier proceso de aprendizaje (contenidos, deporte, cocina…). Pero también es cierto que se puede esquivar una caída peligrosa si tienes una orientación previa.

Este libro quiere darte confianza para que avances sin dudar hacia un uso rentable de los contenidos. Así que olvida la sensación de que no puedes: no importa que te dediques a otra cosa o que pienses que no tienes tiempo para dedicarte a lo que te voy a ir proponiendo. Todo esto son excusas, obstáculos salvables. Sigue leyendo y te convencerás.

¿No tienes formación en contenidos?

Los cambios de rumbo son algo para lo que hay que estar preparado. Puede ser la economía mundial, la salud o la vida familiar lo que te orienta hacia una nueva profesión. No pasa nada si no te formaste en contenidos porque en este sector hay mucho de autoformación, como en muchas otras profesiones que avanzan más deprisa que los planes de estudio tradicionales. Se lo digo a mis alumnos constantemente: solo hay que creer en los contenidos, el título que te dan al acabar es lo de menos.

Hablando de **formación universitaria**, una mezcla de periodismo y marketing/publicidad y RRPP sería lo más cercano, aunque incluso comunicación audiovisual (mi caso) serviría para algunos tipos de contenidos como son los vídeos o los podcast y también hay utilidad en la parte de redacción/guión para saber cómo contar historias. Si la combinas con la formación de tu interés, sería una buena base para especializarte en marketing de contenidos de un sector concreto.

En cuanto a **postgrados y másteres**, hay bastantes sobre marketing en sus diferentes soportes, comunicación digital y hasta de community management (enfocados a un perfil muy concreto) que recogen bastante bien algunos aspectos de los contenidos, principalmente su promoción. Si la orientación que buscas es más a la creación, hay postgrados sobre redacción periodística y publicitaria, además de alguno que cubre varios formatos y canales. De esta forma, complementas la formación de tu sector para incorporar los contenidos a tu negocio.

Sí hay en cambio mucha **formación no reglada, cursos y talleres** más o menos largos que dan algún certificado de asistencia y también algunas **charlas** donde profesionales de diferentes sectores dan su punto de vista sobre las diferentes áreas de influencia de los contenidos. Ayudan sin duda a la divulgación de los contenidos como parte importante de la empresa y también a la iniciación o a profundizar en algún aspecto concreto.

Y ahora es cuando recupero el tema inicial, la **autoformación**, porque cada vez hay más gente asomándose a los contenidos con cierta seriedad (o al menos tengo esa sensación). Así que se publican artículos (de profundidad variable y algunos con un acierto o enfoque discutible) y bibliografía que sirven para detectar ese interés creciente. Leer, leer y leer, una buena forma de ver cómo aplicar lo de los demás a tu propio caso.

Por otro lado, bastante relacionado con la formación, es la **adhesión a algún colegio o asociación**. La Content Marketing Association y la Branded Content Marketing Association serían lo más cercano, aunque hay también colegios de periodismo y asociaciones de community managers. De manera mucho más informal, hay grupos en LinkedIn sobre el tema[1] aunque en ellos también caben interesados en general, no necesariamente todos son profesionales ejerciendo y puedes encontrarte con enfoques contradictorios.

Pero se pueden utilizar los contenidos, tener éxito o equivocarse y aprender sin tener un título que lo acredite.

---

[1] Te animo a que te sumes al grupo en LinkedIn que administro: https://www.linkedin.com/groups/3292341/

Solo hace falta ponerse manos a la obra e ir adquiriendo en primera persona la **experiencia** que no dan las universidades.

¿No tienes tiempo?

Otra excusa muy común es el 'no tengo tiempo para esto'. Parafraseando la conocida frase 'si quieres, puedes', si crees en los contenidos, encontrarás el tiempo. ¡Igual que lo estás encontrando para leerte este libro! Podrás hacerlo de un tirón o a ratos, pero (espero) reservarás unas horas para leerlo. Lo mismo has de hacer con los contenidos. Sigues viéndolos como algo desconocido que te genera inquietud y seguro que estás pensando: '¿cómo voy a combinar lo que ya hago en mi empresa con todo lo que implican los contenidos?'.

No lleva tanto tiempo como crees pero el primer requisito básico pero imprescindible, repito, es que se ha de creer que los contenidos. Y es que, para embarcarse en una estrategia de contenidos, **hay que estar convencido de que dará resultados** porque de lo contrario no estarás dispuesto, por ejemplo, a escribir un post un miércoles por la noche en lugar de irte al cine.

Por otro lado, antes de alquilar el local para tu empresa o dejar tu anterior empleo hiciste un plan de empresa, ¿no? Aplicado a contenidos, también **debes hacer un plan** antes de ponerte a escribir una sola línea. Te ayudará a gestionar las expectativas, a reflexionar y encontrar tus objetivos reales.

Merece la pena dedicarle las horas que hagan falta porque luego te ahorrará mucho tiempo ya que marca **el volumen de contenidos que necesitarás y cuándo los deberías publicar**. Olvídate de crear contenidos que no estén en tu plan editorial: todo, todo y todo lo que publiques tiene que tener un objetivo, una meta que conseguir. Si no es así, estarás perdiendo el tiempo. ¡Y no sobra!

En el siguiente capítulo del libro trabajaremos tu estrategia pero, para calmarte aún más, contesto la pregunta que seguramente te estás haciendo ya: **¿cuánto tiempo hay que dedicar a los contenidos?**

La respuesta puede enfocarse desde diferentes perspectivas:

- Dedica lo que necesites para conseguir tus **objetivos**. Si quieres doblar el tráfico, seguramente tendrás que poner menos horas que si quieres triplicarlo. En este nivel, suele ocurrir que más resultados es igual a más contenido.

- ¿Cuántos **canales** has de mantener alimentados? Para escribir un post puedes tardar 1 o 3h pero si también has de crear un ebook quizá tardes 1 mes dedicando, además, otro par de horas al día. Más contenido, más tiempo.

- La **experiencia** lógicamente influye ya que al principio de la implementación de la estrategia no tardarás lo mismo para escribir un post de 400 palabras que cuando ya lleves varios meses haciéndolo.

Si quieres tener una referencia, según el Estado de los contenidos en España, la media cada año suele rondar las 2,5h al día[2]. No es mucho si lo comparas con una jornada completa, pero puedes ir sacando ratitos. Y, claro, unos días tendrás más tiempo que otros.

En general, a la hora de organizar tu tiempo a corto y largo plazo, te recomiendo que guardes un rato:

- **Cada día para leer**, documentarte y mantenerte al día de lo que ocurre en tu sector. Igual que hay quien juega en el transporte público, yo dedico ese tiempo a leer.

- **Cada semana para planificar** qué contenidos hay que producir. Igual que se cierra por descanso del personal, dedica algunas horas a organizarte, por ejemplo cada lunes a primera hora o viernes a la última.

- **Cada mes para analizar y repasar** lo que has hecho y conseguido. Igual cierras por inventario, reserva una tarde a para ver si te alejas o te acercas a tus objetivos.

Claro que si conviertes tu hobby en tu trabajo o si disfrutas aprendiendo en tu día a día, el tiempo que dediques a los contenidos será mucho pero no te parecerá tanto. ¡Sarna con gusto…!

---

[2] Todo sobre este informe en https://www.marketingdecontenidos.es/espana/

¿No tienes presupuesto?

La tercera barrera que hay que saltar para ponerte manos a la obra con los contenidos y olvidarte del miedo inicial es **una cuestión de dinero**. En el momento en el que te encuentras, no inviertes nada o casi nada en tu plan de marketing o en los contenidos. De hecho, comprar este libro es seguramente una inversión para no tener que externalizar nada y aprender a hacerlo por tu cuenta. Lo entiendo, ¡no hay problema!

Pero aunque el libro aún esté empezando, ya te habrás dado cuenta de que hay muchas cosas por hacer y seguro que te estarás preguntando cuánto cuesta realmente esto de los contenidos. 'Mucha pasta', estarás pensando… Si acabas de montar tu negocio o eres una micropyme, seguramente añadirás 'mucha pasta que no tengo'. No te asustes, **las pymes pueden utilizar el marketing de contenidos y llegar a final de mes**.

De nuevo, como con el tiempo invertido, lo primero que tienes que tener claro es que si no crees en los contenidos, no importa lo grande o pequeño que sea tu presupuesto porque la cosa no acabará bien. ¿Qué significa creer? Es **un compromiso**, saber que tendrás que prestarles atención, dedicar horas a pensar, escribir y dar a conocer esos contenidos.

Yo creo en ellos. Mucha gente me pregunta que cómo lo hago para generar tantos contenidos. Muy fácil: les dedico (casi) todo mi tiempo libre porque mi hobby es mi trabajo (con lo malo y lo bueno que esto conlleva). ¿Cómo si no escribiría yo mi newsletter los domingos por la tarde?

Piensa qué haces tú a esas horas y valora si podrías haber dedicado un rato a escribir un post, por ejemplo. Sofá, amigos, trabajo, familia… muchas cosas se pueden interponer entre los contenidos y tú. Pero si crees que realmente **te van a servir para algo**, repartirás tu tiempo de manera que puedas dedicarles un ratito cada día (vale, a veces escribo mi newsletter los jueves para el domingo hacer otra cosa).

El **recurso del tiempo** es más amigo para las pymes que el dinero porque no hace falta escribir todo el contenido, al contrario, se puede utilizar el de los demás haciendo de content curator.

Dedicando unos minutos al día a seleccionar los mejores contenidos (en lugar de horas si tuvieses que crear todo el contenido tú), se puede mantener una cuenta en Twitter o en LinkedIn lo suficiente activa como para aportar valor a tus seguidores. Lo veremos más adelante: para eso más que presupuesto, hace falta tiempo.

¿No quieres perder el control?

Cuando se habla del control que podemos (o no) ejercer sobre los contenidos que publicamos, inevitablemente pienso en aquel eslogan de Pirelli: 'la potencia sin control no sirve de nada'. ¿Qué sería la 'potencia' aplicada a los contenidos? Su calidad.

Empiezo por las buenas noticias: hay una parte del contenido que publicamos sobre la que **sí podemos ejercer control**. Se me ocurren varias perspectivas para haber utilizado esta afirmación y todas tienen que ver con una estrategia de contenidos:

- Objetivos: se definirán pensando en lo que queremos conseguir y no en lo que nos da miedo que pase.

- Mensajes: se cuidarán para alinearlos con lo que la empresa quiere comunicar.

- Redacción: se vigilará estilo, tono, ortografía…

- Web: se buscará un gestor de contenidos (CMS) con el que administrarlos fácilmente.

Enseguida veremos estos puntos para hacer tu estrategia y así cuidar (una manera mejor de decir controlar) lo que publicarás. Pero, lástima para los fanáticos del control, también hay malas noticias: **el control total no existe** y una parte se pierde en el momento en el que publicamos el contenido porque no se sabe si:

- Google nos hará tanto caso como queríamos.

- El usuario interpretará y valorará el contenido como esperábamos.

- Alguien utilizará el contenido en su beneficio sin respetar su **licencia** de uso.

- Nuestra **competencia** se sentirá inspirada y nos imitará sin contemplaciones.

Todo esto puede ocurrir. Es posible que a tu contenido no le pase nada, algo, todo y mucho más porque adquiere vida propia en cuanto alguien lo consume. **No podemos controlar el 100% de lo que pasa con nuestros contenidos**, eso es una utopía. Si repasamos la historia de los medios, el intento de control no ha acabado con el uso poco ético o ilegal de los contenidos. ¿Por qué ahora iba a ser diferente si hay más canales y más formas de distribuir contenidos?

Ahora bien, esto no significa que no se pueda intentar mantener un cierto control. Fíjate que todas las dudas están relacionadas con a quién dirigimos el contenido o quién lo consumirá. Tener una comunidad es una forma de proteger los contenidos y por extensión a la marca. Así que **podemos conservar una parte del control si cuidamos a nuestra audiencia**. Centrarnos en ella nos dará más alegrías que si nos obsesionamos con la parte negativa de publicar contenido. La tiene, sí. Pero no es tan grande como la positiva.

Estrategia amateur

Hace años que imparto clases de muy diferente duración y en la mayoría ha sido muy difícil conseguir que todos los alumnos saliesen con sus planes completamente terminados. Después de analizar los motivos, creo que se debe a tres:

- Implica **cierto análisis** previo y en ese momento no suelen tenerse las respuestas.

- Obliga a **reflexionar**, es algo artesano que no puede solucionarse rápidamente.

- Se recela del resto, no se quiere compartir en voz alta cómo va el negocio.

La solución a esta situación es lo que he acabado llamando una **estrategia hazlo tú mismo** (Do It Yourself o DIY) porque cada uno puede hacerla por su cuenta cuando esté preparado y haya tenido tiempo de pensar en ello.

En otras palabras, yo planteo las preguntas y doy las herramientas para contestarlas, pero son los alumnos los que realmente han de hacer sus propias estrategias, de ahí el DIY. En este libro va a ocurrir lo mismo así que ¡prepárate para pensar después de leer!

Las empresas que empiezan no dedican mucho tiempo a pensar en los contenidos por lo que posiblemente pocas de las cuestiones que voy a plantearte estén resueltas en tu actual estrategia.

No hay problema, para eso estamos aquí. A medida que vayas creciendo, iremos viendo muchas más pero ahora mismo has de tener claras cuestiones básicas como:

- ¿Qué quieres conseguir con los contenidos?

- ¿Cómo vas a utilizarlos?

- ¿Dónde vas a dar a conocer tus ideas?

Que no te de vértigo pensar en eso sin anestesia: vamos a ir viendo las respuestas para así completar tu estrategia amateur. Será sencillo e indoloro. Y si ya crees que tienes un plan y quieres repasar qué tal lo has estado haciendo, en esta parte del libro también podrás ver la manera de formalizar lo que quizá haces sin documentar.

En los dos casos, utiliza un cuaderno para ir haciendo paso a paso tu estrategia. Cuando llegues al siguiente capítulo, deberás tener definido todo lo que vamos a ver ahora.

Determina los objetivos de tus contenidos

Lo más importante, siempre, son los objetivos. En clase doy por hecho que los alumnos lo saben y quizá el tuyo sea el propio título de este libro: 'crecer' que es otra manera de decir vender más, ¿no?

Bien, vamos a verlo más concretamente porque para **definir los objetivos** de cualquier plan, tienes que empezar por tres preguntas:

- ¿Dónde estoy?

- ¿Dónde quiero estar?

- ¿En cuánto tiempo quiero llegar a estar ahí?

Claro que hay otras muchas respuestas necesarias para diseñar un plan o para arrancar una empresa pero esas son las imprescindibles para empezar y en concreto la tercera es la que te ayudará a **establecer las etapas necesarias para conseguir los objetivos** y así no correr porque, hablando de contenidos, no hay teletransportación posible.

Los contenidos no son un coche que pasa de 0 a 100 en 3 segundos (a veces hasta los tuits tardan más en redactarse). Para asegurar que llegas a los objetivos marcados, has de pensar en plazos más amplios de tiempo: el **largo plazo podría ser 1 año** y entremedio las fases que quieras, desde el **lanzamiento o fase 1** hasta medio plazo que podría equivaler a 3 o 6 meses.

Cada fase puede considerarse un plan a pequeña escala ya que cada una puede tener formas diferentes de llegar al mismo objetivo o, incluso, objetivos y públicos diferentes. Considerando que estamos en el nivel básico y que tu negocio está empezando, vamos a fijar tu punto de partida en que **nadie te conoce** así que quieres cambiar esto para que tu empresa sobreviva. Las siguientes podrían ser tus tres fases para definir y conseguir tus objetivos.

Primeros 6 meses

En la primera fase, orienta tus contenidos a **explicar tu historia,** cómo has llegado hasta crear la empresa o cómo le has transmitido tus principales valores. Los primeros contenidos serán los que marcarán tu imagen por lo que es muy importante que transmitan tu posicionamiento correctamente en cada palabra.

Desde una perspectiva de marketing de contenidos, tienes que enfocar esa historia a por qué tu cliente tendría que encontrar interesante tu empresa, qué le aportas que no hagan otros o qué problema le vas a solucionar. La palabra clave sería **informar.**

Entre 6 meses y 1 año

En plazos intermedios, no pierdas de vista quién eres pero céntrate más en **qué necesitan ellos** y amplía a todos tus públicos, no solo el target principal sino aquellos secundarios que te pueden ayudar a crecer, por ejemplo, si dependes de intermediarios.

Los contenidos te servirán para resolver sus dudas pero no directamente sobre quién eres, sino a consejos para utilizar tus productos, trucos para aprovechar mejor las funcionalidades de tu web o análisis de noticias relacionadas con los servicios que ofreces. La palabra clave sería **educar**.

Primer año

Pensando a largo plazo, es decir, a un año vista, la generación de contenidos se complica porque parece que las ideas empiezan a escasear. Pero los contenidos también pueden ser divertidos, diferentes y creativos. Tienen que seguir comunicando todo lo anterior de manera que sigas creciendo hacia las visitas que te habías puesto como meta y, a la vez, **fidelizar** a los clientes ya convertidos. La palabra clave sería **entretener**.

Si tu empresa lleva un cierto tiempo en el mercado, entonces seguramente se encuentra en la tercera fase, es decir, mezclando los 3 tipos de contenidos y buscando el 4º donde la clave es **inspirar**. Esta palabra me gusta mucho, no solo porque me dedico a escribir, también porque creo que las empresas han de ser capaces de transmitir mucho más que su discurso egocentrista. En el nivel avanzado profundizaremos sobre ello.

Pero hay que ser realistas y, aunque utilicemos los contenidos indirectamente para ello, **todos queremos vender**. Cada uno con su modelo de negocio y sus características, pero todos vendemos algo, sí, todos. Está claro que es un objetivo muy deseado, con mucha competencia. Pero pregúntate qué porcentaje de veces entras a una web para comprar algo: todos queremos vender pero no siempre el usuario nos visita para comprar. Así que la palabra clave es **paciencia**.

Los contenidos están constantemente reclamando tu atención. Que si tienes que revisar que no hay faltas de ortografía, poner un hashtag para que se vea mejor, buscar a alguien para que lo comparta… Requieren tiempo de preparar y de amortizar, no solo para crearlos. Los que quieren resultados rápidos pueden olvidarse de usar los contenidos tal y como los trataremos en este libro para conseguir sus objetivos.

Pero, si se tiene paciencia con ellos, acaban dando alegrías.

Identifica el tema que interesa a tu audiencia

Pensando en el marketing de contenidos, no puedes saber de qué han de tratar tus contenidos sin pensar en de qué quieres tú hablar pero, sobre todo, qué quiere escuchar tu audiencia. Cada disciplina le llama a su manera. En Internet, son **usuarios**; para los redactores, son **lectores**; para los negocios, **clientes**; para el inbound marketing, son **buyer personas** (en el nivel avanzado veremos por qué). Pero detrás de esos nombres se esconde (sí, a veces es escurridizo) el **perfil de cliente ideal**.

Más adelante veremos el acercamiento de diferentes disciplinas a estos perfiles. De momento, para llegar a conocerlos, hazte tres preguntas básicas:

- ¿Conoces a alguien que se le parezca (tu primer/último cliente quizá)?

- ¿Tienes alguna información **estadística** sobre él (interna/externa)?

- ¿De qué trataría una conversación informal con él?

Hay muchas de preguntas posibles para llegar a descubrir a **la persona que quieres que te visite, lea o compre**. Pero lo importante no es preparar un informe de cientos de páginas contestándolas, lo que has de hacer es **poner a estos perfiles a trabajar para tus contenidos**. Para ello, dos nuevas preguntas imprescindibles dentro de una estrategia de contenidos.

¿Tenéis algo en común que no sea trabajo?

Imagínate que estás con ese cliente ideal en un evento de networking, un congreso o una comida de trabajo. Ciertos protocolos indican que has de esperar al postre para hablar de negocios así que… **¿de qué podéis hablar** (y que no sea el tiempo)? Sería extraño que no tuvieseis nada que deciros, ¿no crees?

Una forma de empezar es balancear lo personal y lo profesional con una pregunta muy sencilla que debes hacerte a ti mismo: '¿qué hiciste ayer?' Tanto en el trabajo como por un hobby, piénsalo como una forma de llegar a saber **cuál es su mayor preocupación y cómo tú puedes ayudarle**.

Conociendo a la **persona interna** sabrás qué tienes que contarle porque **todo lo que sea autobombo, no es marketing de contenidos.**

¿Cómo hablarías con esa persona?

La belleza está en el interior… pero la mayoría se fija primero en el exterior, ¿verdad? Sí, también cuando hablamos de clientes ideales. ¿Será que así es más fácil saber quién tiene recursos para invertir? En algunos negocios quizá sí. Saber si es **hombre o mujer** o su **lugar de residencia** no siempre es significativo. Pero la **edad** o el **perfil laboral** sí que determinan la forma en la que te diriges a esa persona.

Lenguaje, tono, voz… los encontrarás fijándote en la parte externa de tu audiencia. Ésta se compone de rasgos físicos mientras que la interna se configura con los pensamientos y preocupaciones. De todo esto hablaremos en profundidad en el nivel avanzado, mientras solo estamos tratando de asentar una buena base.

Línea editorial

Hemos visto dos preguntas muy sencillas para tratar de conocer a la **persona a la que te diriges.** Si las contestas tú, tendrás unas respuestas pero si lo hace la empresa que tienes como vecino obtendrás otras y serán otras si lo hace alguien de tu familia o la última persona que visitó tu web. Cada uno contestará de forma diferente a estas preguntas porque cada uno te conoce de una forma. Por eso saldrá una estrategia diferente según:

- El **sector:** el **posicionamiento** que tenemos o queremos conseguir.

- La **empresa:** los **objetivos** que hayamos marcado para los contenidos.

- La **audiencia:** los **perfiles** de los clientes y potenciales clientes.

La premisa parece sencilla: si sé qué quiero de alguien, sé qué tengo que decirle para conseguirlo. Funciona genial cuando ordenas algo pero, si utilizas **la vía persuasiva**, la cosa se complica.

¿Cómo decirle a alguien que haga algo sin que parezca que le obligas a hacerlo? Fácil: no lo haces.

El marketing de contenidos busca una conexión con la audiencia, quiere ser un acompañante más que un tirano, no pretende obligar si no **guiar para ganarse la confianza del usuario**. Para ello, el estratega ha de tener claro qué mensajes pueden serle útil para lograrlo y qué temas no conviene tocar.

Línea editorial para autónomos

Si eres autónomo como yo, muchas veces la vida personal y la profesional se mezclan. Las empresas suelen preguntarme si han de abrir diferentes canales para cada idioma, pero a los autónomos les preocupa si han de hacerlo para diferenciar sus vidas. No podemos separarlas y cada uno decide **dónde poner los límites**, no hay una respuesta universal.

Mi sugerencia simplemente es tener clara la privacidad y no traspasar las fronteras más que cuando sea necesario. Pero, principalmente, tener claro que **no podemos diluir quiénes somos profesionalmente** con demasiadas cuestiones personales. No hace falta contar algo personal para resultar cercano a la audiencia.

Línea editorial para emprendedores

Ilusión, energía o **ganas de demostrar algo**, llámalo como quieras pero de eso tienen mucho emprendedores y personas que se tiran a la piscina a montar algo, saltando sin red si fuese necesario. Por eso, llevados más por instinto de supervivencia que por lo racional que tiene una estrategia, es más fácil que cometan algún error por el camino. Cuando se habla de estrategia, no se puede dejar al azar, hay que planificar desde el primer momento.

Al principio, el emprendedor cuida su negocio como si solo tuviese cosas buenas y habla constantemente de lo ingenioso que es por haberlo inventado o de lo revolucionario que es en su sector. Intenta contagiar a cualquier costa a los que tiene a su alrededor. Sea lo que sea, siempre es un **yo, yo, yo**. ¿Te suena? Seguro que sí, ¿y a que cansa y no atrae mucho? A veces, hasta es spam.

Ese **egocentrismo** es un error común en las empresas que empiezan, hablan constantemente de sí mismas sin preocuparse demasiado de que alguien les va a tener que comprar para sobrevivir pasada la inyección de capital inicial. Así que crean contenidos con lo que les parece más importante: ellos mismos y desde su punto de vista, sin pensar en otras personas.

Tendrán su web, abrirán canales, publicarán lo primero que les venga a la cabeza… y todo sin pensar en su estrategia, simplemente llevados por la **inercia** del momento. Y les durará un tiempo pero con resultados inciertos. Así que después vendrá la desesperación, cuando la euforia deje paso a la realidad y el **desorden** les demuestre que lo que hacen no se puede coger ni con pinzas.

Entonces, aunque alguien haya intentado avisarles de la necesidad de trazar un plan de marketing o de empresa, y solo entonces, caerán en la necesidad de utilizar los contenidos de mejor forma que para promocionarse sin descanso. El daño ya estará hecho o, como mínimo, el tiempo se habrá gastado inútilmente.

Línea editorial para empresas

Ya me conoces un poco, aunque solo sea porque has consultado mi blog o mi web antes de comprar este libro, ¿dirías que soy una 'abuela digital'? Pues sí, parece que lo soy. El concepto lo aplicó Mando Liussi a la decisión de no hablar de política, religión o fútbol y, en fin, dijo que eso es de otra época. Él quería romper una lanza a favor de la provocación como forma de diferenciación. Hay quien utiliza esta estrategia como parte de su línea editorial, pero yo no estoy del todo de acuerdo.

Quieras o no provocar, también siendo empresa, es importante **marcar los límites** de qué entra y qué no dentro del saco de los posibles temas de conversación con los usuarios. Pero hay que tener en cuenta que, hoy en día, la comunidad puede preguntarte directamente por algo que quizá tú no querrías hablar. Para eso también hay que estar preparados, no solo para lo que sí queremos decir.

También las empresas que llevan tiempo en el mercado pueden encontrarse con que han perdido su dirección y siguen hablando de ellas mismas. O, peor aún, no tienen ni idea de qué hablar si ellos como empresa también están estancados: la inercia de la cotidianeidad es nefasta para conseguir algún resultado.

Elige el mejorar canal para distribuir tus contenidos

Como empresa que empieza, necesitas un canal básico desde donde darte a conocer y para eso servirá tu web. También te recomiendo que abras un blog para atraer a más personas hacia tus contenidos. En los siguientes capítulos veremos cómo trabajar ambos de forma estratégica pero hay muchos otros canales que puedes utilizar en tu marketing para lograr visibilidad.

De hecho, la forma en que se llama a los lugares donde se publican los contenidos es importante porque tiene unas ciertas connotaciones:

- **Canal**: asociado a forma de distribuir el contenido, es el uso más habitual que inevitablemente remite a los elementos de la comunicación.

- **Medio**: se usa para hacer referencia a medios sociales y de comunicación de masas o para separar entre medios pagados (paid), propios (owned) o ganados (earned) con la promoción.

- **Plataforma**: puede verse como un lugar desde donde promocionar o lanzar algo, aunque también se asocia a algo desarrollado vía programación.

Semántica a un lado, lo que importa es ser capaces de distinguir lo que queremos explicar (contenido) de ese lugar donde lo que queremos dar a conocer (continente). Elegir un canal depende de muchos factores pero, siempre que sea posible, hazlo después de haber pensado en las características del contenido. ¿Qué **formato** tiene el contenido? Es lo más básico, pensar si se trata de un texto corto tipo idea o más largo tipo artículo o noticia, una foto o un vídeo. Pero también se puede tratar el contenido, simplemente, como un enlace. De esta manera se separan los canales por:

- **Alojamiento**: canales en los que almacenar archivos, fotos o vídeos (SlideShare, Instagram, YouTube…).

- **Promoción**: canales en los que enlazar a estos archivos alojados en otros canales (Facebook, Twitter pero también blog, newsletter…).

- **Recomendación**: canales como los de promoción pero más enfocados a enlazar contenido de otras personas (filtrado de contenidos o content curation).

La segunda cuestión a tener en cuenta es la **audiencia**, es decir, elegir en función de dónde están ellos. Hay una pregunta similar que es dónde podré llegar a más gente pero no es exactamente la misma: céntrate en tu perfil objetivo y no en aquellos que no te interesan. Para responder a esto, es necesario recurrir a las estadísticas que pueda dar ese canal o hacer una monitorización y descubrir así la forma en la que tu audiencia potencial maneja ese canal.

Otra forma de afrontar la elección del canal para tus contenidos es cuando ya tienes varios y has de decidir dónde publicar. Sería interesante haber descrito previamente la **línea editorial** de cada canal porque de esta manera sabrías fácilmente el sitio en el que encaja mejor. Yo, por ejemplo, intento que mi página de Facebook esté más centrada en temas de redacción de contenidos y mi cuenta en Twitter más en marketing de contenidos[3].

Por mi experiencia docente, hay algunos prejuicios cuando hablo de canales. Suelen plantearse preguntas parecidas a: '¿puedo enviar una newsletter si no tengo **web**?', '¿Necesito un **podcast**?', 'No me gusta **LinkedIn**, ¿por qué tengo que utilizarla?'

Si volvemos a la base de toda comunicación, todo mensaje necesita un canal para llegar al receptor. Ahora bien, ese medio de comunicación puede ser **propio o de terceros; gratuito o de pago; online u offline**. Hay de todo tipo y para todos los gustos.

Visto así, se puede enviar una **newsletter** para llevar visitas a una tienda física que no tenga web, sí. Se puede hacer una **revista** en papel para llevar tráfico a una web, también. Se puede hacer marketing de contenidos sin tener **blog**, pues claro.

Pero, la cuestión no es si se puede o no porque en el mundo online (casi) todo es posible. Lo que de verdad deberías plantearte si tienes esas dudas es si llegarías a distribuir el contenido generado de forma que llegase a alcanzar a tu perfil deseado. Tan sencillo como eso: **sin web/blog/newsletter/redes sociales, ¿mi cliente potencial me llegará a conocer y valorar como opción de compra?**

---

[3] Enlaces a todos mis perfiles en redes: www.evasanagustin.com/social

Algunos contestarán que sí, otros que no. No todos los negocios son iguales. Pongamos un ejemplo: de quién te fías más, ¿de una gestoría que tiene una web o de una que no tiene y que ha puesto una cuenta de Gmail en el cartel de la ventana de su oficina? Yo lo tengo claro pero quizá tú no lo veas igual porque (afortunadamente) no todos los usuarios nos parecemos.

¿Un cliente potencial de tu negocio busca información en Internet para decidir su compra y tú no tienes una web o algún **canal propio donde explicarle qué haces**? Mala idea porque, aunque no seas una tienda online, una plataforma propia te ayuda a decir la tuya, con tus palabras. Pero si ese usuario se documenta en prensa, quizá te conviene invertir más en unas buenas RRPP. Por eso no todas las estrategias son iguales para todo el mundo.

La elección del canal de distribución depende de **dónde se encuentre tu cliente potencial**. Tampoco importa mucho si a ti te gusta más Facebook o Twitter: **importa qué le gusta a tu usuario**. Tendrás que hacer un esfuerzo por intentar al menos aceptarlo en tu rutina y planificación.

Una opción fácil para empezar es utilizar los canales personales para investigar, tomar confianza y después abrir los corporativos. No es obligatorio, vale, pero ayuda a **acercarte a ellos** y de eso se trata cuando hablamos de marketing de contenidos: de **ganar la confianza de nuestra audiencia**.

Otra vía para pymes con poco tiempo es **centrarse en un canal** y avanzar a partir de ahí, añadiendo otros cuando los anteriores estén consolidados. Empezar tratando de abarcar mucho es un error que las pequeñas empresas no pueden permitirse. No hay un mínimo de contenidos necesario (**importa más el qué y el cómo que el dónde**). Pero, si solo usas un canal, estarás limitando tu alcance y poniendo en peligro la consecución de tus objetivos.

Web corporativa para contenidos propios

No importa el tamaño de tu empresa, tener una web es importante para centralizar tu actividad digital. El mundo online no está muy alejado del offline y tener una presencia en Internet es igual de importante que tener un teléfono para atender a clientes.

¿No tienes web porque en tu negocio los usuarios no utilizan Internet? Si has contestado que sí, es posible que tengas razón (todavía hay sectores que viven en el mundo 0.0) pero te animo a replanteártelo por si acaso no has analizado bien **el comportamiento online de tus clientes potenciales**. Revisa algunas estadísticas, ya sabes, solo para asegurarte.

Los datos no son muy optimistas en España y hay muchas pymes que todavía confían en **tener su web sin invertir un solo euro.** Estamos en el nivel básico de madurez en la estrategia de contenidos así que seguramente es tu situación. Pero no creas que si sigues leyendo aprenderás a diseñar o a programar tu web, no son esas tareas del estratega de contenidos. Sí que trataremos de **conceptualizar tu web desde una perspectiva estratégica**, es decir, centrándonos en qué vamos a mostrar de tu negocio.

Imagínate que mañana tienes una reunión con un cliente, ¿cómo la preparas? Si la reunión es en tu oficina, quizá tienes a mano agua, café o hasta algunas pastitas como hacen en las agencias para cuidar a los clientes importantes. También es diferente si la convocas tú o él pero hay ciertas cosas comunes.

Mirarás su ficha para revisar los encargos que te ha hecho y lo que le has facturado. Quizá también tengas a mano argumentos para mantener el precio o sacas la calculadora para preparar un posible descuento. Todo depende del motivo de la reunión, ¿verdad?

Ahora imagínate que tienes a ese cliente, no en la puerta de tu oficina, si no en la de tu web. ¿Cómo has preparado su visita?

Plantéate cuestiones como:

- **¿Qué sabes de él?** Puede ser cliente, potencial cliente o alguien que simplemente se pasaba por ahí. Hay varios perfiles posibles y debes prepararte para cualquiera de ellos.

- **¿Qué crees que quiere conseguir él con su visita?** Tienes muy claro qué quieres tú pero, sinceramente, a quién le importa lo que tú quieras… Piensa en él, ¡piensa en el marketing de contenidos! Puede encontrarse en diferentes momentos: ¿realmente quiere comprar en tu tienda online o quizá solo está comparando y quiere información?

- **¿Qué has pensado ofrecerle a cambio de su visita?**
  Puede ser conocimiento o inspiración, pero para que te lo
  agradezca tendrás que esforzarte. Hay mucho contenido ahí
  fuera y alguno hasta bien trabajado. Destacar es cada vez
  más difícil.

Son preguntas que afectan a toda la estrategia de contenidos: desde
el **árbol de navegación** de la web hasta la forma en la que te
dirigirás el usuario pasando por el tipo de contenido que le vas a
ofrecer o el diseño. Así que merece la pena dedicarle un rato.

La buena noticia es que, a diferencia de una reunión presencial o
individual, te servirá para más de un cliente.

Está claro que no es lo mismo mantener una reunión con alguien
que tenerlo navegando por una web sin ninguna compañía. Pero
pueden equipararse si trabajamos bien los contenidos. Su función es
guiar al usuario para que no se sienta solo y sepa por dónde ir para
resolver sus inquietudes, sean las que sean. **La web es como la sala
de reuniones**, un lugar en el que sentirse todos cómodos.

Trabájala pensando en que ha de gustar al usuario y tendrás mucho
ganado en tu estrategia.

Otra forma de conceptualizar una web es compararla con una clase.
Te propongo otro ejercicio mental: recuerda **la última vez que
fuiste a una clase**. Quizá has pasado por alguna de mis sesiones o
sea en un curso de riesgos laborales al que te obligaron a asistir.
Piensa un momento en ello y pregúntate:

- ¿Cómo encontraste ese curso?

- ¿Por qué te apuntaste?

- ¿Qué preparación previa era necesaria?

- ¿Qué te pedían que hicieses durante el curso?

- ¿Cómo continuó tu formación una vez acabado?

No caigas en **comparar una charla con una clase**: hablo de una
sesión con un programa docente claro, de pago y con una duración
superior a 1 o 3h. Una clase en la que tú quisieras aprender algo por
necesidad ya sea personal o profesional.

¿Ya has recordado y contestado a esas preguntas como estudiante? Vamos a verlo ahora desde la **perspectiva del profesor**. Si no tienes experiencia como docente, intenta pensar en qué tendrías que hacer si quisieras organizar un curso breve. Pregúntate:

- ¿Cómo atraerías a los alumnos?

- ¿Cómo les convencerías para que se apuntasen?

- ¿Cómo seleccionarías a los alumnos si tuvieses plazas limitadas?

- ¿Cómo mezclarías la teoría y la práctica?

- ¿Cómo tratarías de continuar la relación con los alumnos al acabar el curso?

Todas estas preguntas, las de alumno y las de profesor, parecen perfectamente lógicas y necesarias tanto para asistir como para preparar una clase, ¿verdad? Pues lo mismo podría hacerse para **preparar el contenido de una web**. Repasa las preguntas aplicadas a una web:

- ¿Tienes la web optimizada para **buscadores y medios sociales**?

- ¿Qué forma de **persuasión** utilizas para convertir a las personas que llegan a tu web?

- ¿Cómo has **personalizado** el contenido para tu perfil o persona objetivo?

- ¿Qué **llamadas a la acción** has incluido en cada página?

- ¿Qué enlaces o formas de **fidelización** has incluido en las páginas de confirmación?

Los contenidos de una web o de un blog han de educar a los usuarios, enseñarles igual que lo haría un webinar o una clase presencial. El alumno ha de encontrarle **utilidad** al curso que va a pagar igual que el visitante de tu web ha de estar dispuesto a contratarte o comprar tus productos. Han de ver de qué manera lo aprovecharán, cómo les ayudará en su día a día. La perspectiva educativa no es la única para los contenidos pero sí una parte importante en todo tipo de empresas.

Estructura interna para no programadores

Empecemos por el eje central de la estrategia y por plantearte lo que realmente necesita la web de tu empresa: **¿qué requisitos de contenidos tiene tu negocio?** Desde un ecommerce a una tienda de barrio pasando por una web de servicios, cada uno es diferente y no tiene las mismas necesidades en cuanto a frecuencia de publicación o de integración con otras plataformas, como puede ser el pago online o con medios sociales. Cuando más compleja sea tu web, más posibilidades habrá de que necesites un desarrollo específico.

No importa que la agencia que estás pensando en contratar te hable de requisitos técnicos del servidor donde se alojará la web, debes llevar la conversación hacia **lo que necesitarán tus contenidos para crecer sin problemas**: añadir/modificar secciones en el menú, texto en una página, fotos en la galería… para eso sirven los gestores de contenidos (CMS de sus siglas en inglés), para no tener que saber ningún lenguaje de **programación** para actualizar los contenidos.

Y también para poder cambiar el **diseño** sin tener que modificar el código de cada página individualmente porque el contenido va separado de la forma en la que se muestra.

Se pueden desarrollar CMS a medida pero el presupuesto para eso se escapa de la mayoría de empresas en este nivel. En el otro extremo, las pymes sin presupuesto de ningún tipo pueden utilizar las páginas prefabricadas que ofrecen los proveedores de hosting. Por el camino, **WordPress** se está consolidando como la forma más fácil de hacer una web y blog corporativos, todo en uno único gestor y sin que tenga que intervenir ninguna agencia.

Hay otros muchos CMS, como Joomla, Drupal, PrestaShop, Shopify, Magento… En la elección entran en juego los recursos y conocimientos que se tengan y WordPress se ha ganado el corazón de muchas empresas por su sencillez de uso y facilidad de personalización.

No hay que dejarse engañar, como **el software es gratuito** la inversión no se hará en compra de licencias si no en la personalización (¿una plantilla que nadie tenga?). Si lo haces tú, será en dedicación de horas y, si es el de una agencia, tendrás que pagar.

Como siempre, los recursos a invertir dependerán de ti: hay plantillas por menos de 50 euros pero también las hay de más de 2.000 si quieres adaptarlas a tu diseño existente.

Empezar una web no es tarea fácil para quien no ha hecho nunca ninguna pero jugar con **plantillas y plugins** es más divertido que pensar en lo que de verdad necesita un negocio que está empezando: una estrategia editorial, de contenidos, de comunicación… como quieras llamarlo. Por eso muchas personas invierten demasiado tiempo en la apariencia (look&feel) de su web corporativa y no trabajan en los contenidos.

Árbol de contenidos

La web de una empresa es una **herramienta de venta**, como un comercial, una centralita o un escaparate. Cuanto más autosuficiente sea, más eficiente. ¡Esto es un negocio, no una clase de diseño! Por eso hace falta realizar un **mapa** que refleje los pasos que daría el usuario. Otra forma de llamarlo es un árbol de contenidos: una **representación gráfica de los contenidos de una web**, una manera de reflejar el camino del usuario hasta una página destino concreta. Debe guiarle tanto como persuadirle a la compra. Así que ha de ser tan útil para tu cliente (= que encuentre lo que necesita) como para ti (= que le lleve al destino).

Lo primero que hace falta saber es cuántas cosas quieres explicar en tu web. Así que haz una **lista de todas las páginas que te gustaría incluir en tu web**. Empieza por lo básico: ¿cuántos productos, servicios o las dos cosas ofreces? Obviamente, tu árbol no será igual de complejo si tienes una tienda online que si ofreces servicios en una tienda de barrio. Y continúa por la parte (aparentemente) menos importante: ¿cómo quieres que te contacten? ¿Qué quieres contar de tu empresa? ¿Tendrás blog, sección de noticias, newsletter o las tres cosas?

Es posible que hayas hecho la lista con lo primero que te ha venido a la mente pero hay que ordenarla. Intenta **agrupar las páginas bajo categorías** que respondan a preguntas que pueda hacerse el usuario que visita tu web: ¿qué me ofrece esta empresa? ¿Por qué debería elegirla? ¿Cómo puedo contactar con ellos?

Ahora vamos a poner esto de forma gráfica. Puedes usar un gráfico de Word tipo organigrama o una tabla de Excel, también pósits de colores, pizarra… Lo relevante de esta fase es que empieces a **identificar el menú de navegación que tendrá tu web** porque suele corresponder con las secciones principales del árbol.

Después de agrupar, hay que **ordenar jerárquicamente las páginas**: ¿qué va primero? ¿Qué es más importante? ¿Qué pasos ha de seguir el usuario para llegar a comprender la página destino que has elegido? Una buena forma de identificar mejor las ramas y hojas de este árbol es poner números a las secciones y a las páginas.

Un ejemplo para una tienda online de ropa podría ser el siguiente:

- **La página principal** (home) sería la 0 y podría tener productos destacados en oferta y una explicación visual de cómo comprar. Pero no abuses de los banners para no marear al usuario. Recuerda que la parte visual es importante, vale, pero también las palabras de los menús y los botones para llamar a la acción. Has de atrapar al usuario con todas tus armas.

- **La sección 'Productos'** sería la 1 y podría tener 1.1 para la categoría de producto 'Ropa de mujer', la 1.1.1 podría ser 'Vestidos', 1.1.2 sería 'Pantalones', 1.1.3 'Complementos', etc.; la 1.2 sería 'Ropa de hombre' y la 1.2.1 sería 'Trajes', 1.2.2 para 'Corbatas'; y así con todos los productos en catálogo. ¿Qué va dentro de cada ficha? Lo que tengas: imágenes, opiniones de clientes, enlaces y posts relacionados… Cuantos más contenidos generes sobre esos productos/servicios, mejor explicados estarán y más fácil será que se vendan por sí mismos.

- **El carrito de la compra** tendría su propia ruta de páginas con 'Detalle de la compra', 'Confirmación', 'Cancelación', 'Factura', 'Historial de pedidos'… y, como es transversal porque afecta a más de un producto, necesita una identificación propia así que se le asignaría la sección 3.

- **La sección 'Sobre nosotros'** tendría el número 4 y quizá habría un 4.1 para poner el nombre de los diseñadores que hay detrás de la ropa.

- **La sección 5 'Ayuda'** explicaría el proceso de compra online, devoluciones, preguntas frecuentes, registro en la web… según las necesidades del usuario en la web.

Esta es una estructura muy sencilla pero, precisamente porque es una web tan básica, pueden elevarse a secciones las categorías de productos. Subiéndolas un nivel ('1. Mujer', '2. Hombre'…), el usuario lo tiene más fácil para llegar a la información que busca. La disciplina que se encarga de comprender este tipo de necesidades es la **usabilidad** que junto con la arquitectura de la información y la accesibilidad logran que la experiencia del usuario sea óptima. En el nivel avanzado trataremos más detalladamente estos conceptos.

Si pensamos en las **necesidades de la empresa,** aunque la lógica dice que la página 'Dónde estamos' debería depender de 'Sobre nosotros', acaba destacada en un nivel principal para estar presente en todas las páginas y motivar al **contacto.** Y, otra cosa, no hay nada más triste en una web que un formulario de contacto sin ningún otro texto que lo acompañe. Sí, ya has convencido al usuario a que visite esa página pero, ¿no crees que un empujoncito le iría bien? Imagina que es un contestador automático: hay quien cuelga porque no quieren 'hablar con una máquina'. Igual de frío es un formulario sin ningún mensaje adicional.

Quizá te estés preguntando qué ganas teniendo una web además de varios perfiles sociales. Pues se consigue una presencia más sólida, más definida y clara. ¿Y eso ayuda a vender? Es un primer paso muy importante para asentar **una buena reputación,** algo que sí persuade a la compra.

Por último, un recordatorio por si ya tenías web: no creas que cambiar el diseño de tu web es suficiente para renovarla. Hay que hacer una revisión o mantenimiento para actualizar los textos y que sigan reflejando lo que hace tu empresa.

Copywriting para no periodistas

No puedo negar que muchos de mis alumnos son periodistas. Pero no todos. Tampoco niego que éste perfil tiene mucho ganado en lo que escribir contenidos se refiere porque ya sabe **elegir las palabras adecuadas.**

No es obligado tener el título de periodismo ni de publicidad para dedicarse a redactar online. No lo uses como excusa para no creer en los contenidos, ya vimos que era un obstáculo salvable.

Después de revisar bastantes textos escritos por no periodistas (gajes de mi oficio), hay dos cosas que suelen tienen en común:

- Se centran en descripciones, digamos, aburridas.

- Pretenden ser, digamos, literarios.

Ninguna de estas dos cosas son **buenas formas de lograr un texto persuasivo,** cosa que al fin y al cabo busca un contenido publicado en una web corporativa. ¡Algún objetivo hay que tener! Tú decides cuál pero olvídate de poner la lista de productos e intentar que suene bien como si estuviésemos juzgando el conocimiento de la lengua. Eso no vende.

Beneficios, funcionalidades y características

El copywriting puede ser un arte pero no muestra el del redactor, si no el de la marca que está describiendo. Lo escriba un periodista o no, un texto que vende es el que **explica beneficios, no características.** Por ejemplo, es importante saber cuánto cuesta un billete de avión pero más interesante qué hacer una vez llegas al destino, ¿no te parece?

Para convencer, hay que saber mezclar la parte racional (características) y la emocional (beneficios). Entre esos dos mundos están las **funcionalidades** que pueden servir para unir las dos partes. Una forma sencilla de intentar escribir con esas 3 variables es completar la frase:

El producto es… y si lo usas para… conseguirás…

Un ejemplo muy fácil: *el producto es* una mesa rústica *y si lo usas para* tus reuniones con clientes importantes *conseguirás* dar una imagen más profesional. Otro ejemplo: *el producto es* una lámpara de pie *y si lo usas para* iluminar una estancia pequeña *conseguirás* no tener que colgar nada del techo. Y otro más: *el producto es* un collar artesano *y si lo usas* para una boda *conseguirás* destacar por encima de otras invitadas. ¿Lo vas pillando?

La mayoría de productos (y servicios) tienen **más de una característica, funcionalidad y beneficio**. Así que la frase comodín del párrafo anterior puede acabar siendo una larga lista. No hay problema, de hecho, es mejor porque podrás utilizar cada una de ellas para crear un post interesante para tus usuarios.

Otra forma de combinar los dos mundos es dejar la lista de características en un enlace para descargar un PDF (muy práctico en el caso de **fichas técnicas**) y aprovechar el texto para los beneficios que es más fácil que interesen a más gente. En algunos sectores, esta es también una manera de ser encontrados porque no se busca el producto del que aún no se sabe el nombre ni qué marca hay detrás, si no lo que la persona quiere lograr con él.

Hay otras muchas consideraciones sobre cómo escribir para Internet, veremos más cuando hablemos de ser blogger. Pero una de las más importantes es que dejes la literatura épica para las novelas y que utilices las palabras que mejor describan lo que quieres expresar. Cuánto más **concreto y breve**, mejor. No por poner más lo explicarás mejor.

Diseño para no creativos

Diseñar tiene un **componente creativo**, como redactar. Crear un logotipo, por ejemplo, es algo que difícilmente haremos bien si no somos diseñadores profesionales. Lo mismo que escribir una novela: es mejor dejarlo a quien tiene algo que contar.

La creatividad del texto y la imagen es la que expresa en palabras y visualmente lo que representa una marca:

- El **manual de identidad visual corporativa** describe los usos del logotipo, los colores y la tipografía.

- La **guía de estilo** describe la terminología y el tono de los textos corporativos.

Esto en cuanto a creación de la identidad de la marca y no se debería distinguir entre off y online. Pero cuando lo trasladamos a Internet, el diseño deja de etiquetarse como gráfico y se le cambiamos el apellido por web.

Así, el **diseño web** se ocupa de la aplicación del manual a los canales online, empezando por la web corporativa pero también en el diseño del blog o de la newsletter, incluso en las imágenes que acompañan nuestras actualizaciones sociales, infografías, banners o cualquier otra campaña digital.

El tema es muy extenso pero, centrándonos en el **diseño de una web,** no tiene por qué ser complicado. Si tu web se basa en WordPress, solo tienes que dedicar un cierto tiempo a elegir la plantilla (theme) que más te guste (bueno, pueden ser horas porque hay muchas y además gratuitas).

Si no utilizas ningún CMS que facilite el cambio de plantilla o si quieres que tenga un look más personalizado, mejor que contrates a un diseñador que haga los ajustes necesarios.

Pero, aún así, has que conocer un concepto clave que influye y mucho en los contenidos: las **hojas de estilo o CSS** de sus siglas en inglés. Su código es que el que permite cambiar colores, tipografía o la disposición de los elementos de la página.

Colores

La teoría del color puede aplicarse a muchas cosas, incluyendo cromoterapia o decoración de interiores. También en diseño se utilizan los colores para **transmitir sensaciones**. La psicología del color estudia la manera en que los colores influyen en las percepciones y acciones. Elegir el color corporativo no es cosa de 'el que más guste al jefe', afecta al logo y a la imagen de la empresa. Es por esto que, como redactores, no debemos cambiar los colores de nuestros textos al publicarlos.

Además, la combinación ha de tener cierta **armonía y a la vez contraste** para que sea fácil distinguir la figura del fondo, por ejemplo, en los enlaces de un texto o en el botón para comprar.

La manera más habitual de nombrar a los colores en Internet es con código hexadecimal (para imprimir puede usarse el modelo CMYK o los colores Pantone).

Tipografía

Elegir la fuente, el tipo de letra o tipografía también depende del diseñador.

Habitualmente se distingue entre las que tienen **serifa** (más comunes en papel) y las que no (más fáciles de leer y por eso más utilizadas online). Además, también se puede distinguir entre las llamadas de sistema (las que vienen instaladas en todos los ordenadores) y las que no lo son, aunque gracias a Google Fonts esto ya no es tan problemático.

En una hoja de estilo se define **el formato de todos los textos**: titulares con un tamaño más grande, enlaces con otro color y subrayados, párrafos con una determinada fuente y alineados a la izquierda… igual que con el color, como redactores, es mejor no jugar demasiado con las fuentes para no salirse del diseño.

Disposición de elementos

Imagina que tienes que dibujar tu web solo con líneas, ¿cómo lo harías? Haz el ejercicio en una hoja en blanco de tu cuaderno. ¿Quizá has puesto un rectángulo en el centro para señalar donde está la imagen de tu servicio estrella, unos cuadrados con tus productos destacados y unas líneas para imitar los textos que los describen? Felicidades, acabas de hacer un **wireframe**.

En su fase más temprana, este esquema o diagrama de la disposición de los contenidos no lleva color ni textos ni imágenes. Cuando a esta estructura base se le vayan añadiendo esos componentes, la imagen resultante terminará siendo una **maqueta o mockup** de la home y alguna sección representativa de la web. Una vez validada, se le añadirá la programación para que sea navegable. En proyectos más grandes, se realiza un paso intermedio: un **prototipo** que muestra funcionalidades antes de desarrollar toda la web por completo (como el prototipo a escala de un edificio).

Como puedes imaginar, este proceso solo tiene sentido en webs complejas, es decir, con un árbol de navegación muy desarrollado. Si tu web tiene 5 páginas, no es necesario. Volveremos a hablar de ello en el nivel avanzado.

Diseño web adaptativo

El contenido ya no se ve en un único dispositivo, así que nuestra web, blog o cualquier presencia digital debe adaptarse a ello. De hecho, es por esto que se le denomina diseño web adaptativo o

responsive, porque se adapta a los diferentes dispositivos (navegadores en pantallas de diferente resolución, tablets y smartphones). Si trabajas con WordPress, no te asustes: casi todas las plantillas ya lo son.

Blog corporativo para marketing de contenidos

Después de haber hecho tu web, quizá te preguntes por qué hacer un blog o **qué relación tiene la una con el otro**. Hay varias posibilidades:

- Algunas veces **estos dos canales corporativos se separan** porque se empieza por la web y, quién sabe cuánto tiempo después, se incorpora un blog. Incluso pueden llegar a tener hasta direcciones web diferentes porque se utiliza Blogger o WordPress en su versión de alojamiento gratuito (wordpress.com) y no instalado en el propio servidor (wordpress.org).

- Otro motivo de discordia entre web y blog es **la sección de noticias**. En ésta se comunican informaciones importantes para la empresa, se aporta dinamismo al contenido estático y no se considera relevante incorporar posts más orientados al marketing de contenidos. Vamos, que se confunde una cosa con la otra cuando en realidad blog y noticias cumplen funciones diferentes.

- Claro que también puede ocurrir lo contrario y es que **el blog se coma por completo la web** y se deje de lado la información corporativa propia de un blog de empresa. Esto es muy típico de profesionales que acaban convirtiendo su comunidad en posibles clientes.

Lo cierto es que cualquier momento es bueno para abrir un **blog corporativo**. Si todavía crees que un blog es algo 'nuevo', revisa tu calendario: se te ha quedado atascado con el efecto 2000. Los primeros blogs sí arriesgaron pero fue hace más de una década. Ahora ya no hay peligro. ¿A qué esperas?

Ah, claro, crees que hace falta tener un gran **presupuesto**.

Pues no: si tienes ya una web, tiene un coste igual a cero en cuanto a tecnología ya que WordPress es gratuito. ¿No tienes tiempo para mantenerlo? Pensé que ya habíamos salvado estos obstáculos. Busca a algún empleado y fórmale (mejor que dejarle el marrón sobre la mesa y salir corriendo). O externaliza alguna tarea, muchos lo hacen y está claro que tiene sus beneficios.

Quizá nos estamos acercando a tu verdadero miedo: no sabes si servirá para algo. ¿Es eso? Supongo que ya imaginas que voy a decirte que tampoco en este punto llevas razón. Precisamente una de las misiones de una estrategia de contenidos es asegurarse de que los contenidos que se publican **sirven para algo**. Si no, no es una estrategia. Concretamente, el blog es un canal perfecto para hacer marketing de contenidos porque permite publicar artículos que sean interesantes para el usuario y atraerlo así hacia tus contenidos corporativos. ¿No te parece un buen objetivo?

Tienes más información sobre cómo aplicar el marketing de contenidos en tu estrategia en mi libro "Marketing de contenidos" (2ª edición solo disponible en Amazon, papel y Kindle).

De tener un blog a ser blogger

Yendo al grano, WordPress es la mejor opción para hacer tu blog. Puedes empezar por Blogger o la versión web del propio WordPress pero, si quieres madurar tu estrategia y acabar este libro profesionalizando tus contenidos, **ves directamente a WordPress.org para instalártelo**. Si ya lo has utilizado como CMS de tu web, lo tendrás mucho más sencillo. Tampoco en esta ocasión hablaremos de programación, plugins o plantillas aunque está claro que el blog trabaja conjuntamente con la web así que deben mantener el mismo estilo visual.

Más allá del diseño o programación, la estrategia del blog está muy relacionada con su línea editorial, es decir, con qué tipos de posts se publicarán. Para saberlo, hay que tener presente los **tipos de blogs** que hay porque cada uno sigue una estrategia de contenidos diferente.

Blogs personales

Son el origen de los blogs: llevar un registro de las cosas que pasan a su autor. Desde esta perspectiva, los blogs que ofrecen una **opinión personal** pueden considerarse de este tipo.

El ejemplo más sencillo es el blog que cualquiera empezaría sobre un hobby o simplemente para comentar la actualidad, hablando indistintamente sobre lo que ocurre en el mundo o en la vida de quien escribe.

- **Objetivo**: desahogo personal.

- **Público objetivo**: el propio blogger y su entorno más cercano.

- **Línea editorial**: lo que pasa por la mente del blogger o vive en su tiempo libre, aunque alguna cosa del trabajo también puede servir.

- **Calendario**: la mayoría de las veces solo se actualizan cuando el blogger tiene tiempo así que no se beneficia del uso de un calendario editorial.

Los blogs personales son buenas formas de probar la herramienta y experimentar para mejorar. Pueden derivar en alguno de los siguientes pero una gran mayoría quedan olvidados cuando aparece otro hobby o prioridad en la vida del blogger.

Blogs corporativos

Como todo lo que tenga que ver con una empresa, los blogs corporativos están supervisados por una estrategia global. También pueden publicarse opiniones y noticias de actualidad pero solo sobre el sector y bajo un prisma más enfocado a **rentabilidad**, es decir, 'que sirva para algo' por lo que muchas veces los posts vienen marcados por los jefes de quien escribe.

- **Objetivo**: reputación, posicionamiento, SEO, tráfico web…

- **Público objetivo**: clientes y potenciales clientes de la empresa, aunque también hay blogs orientados a prensa, eventos, comunicación interna…

- **Línea editorial**: lo que pasa dentro y fuera de la empresa, preferiblemente, que sea interesante para la audiencia. La opción más sencilla es que escriban trabajadores sobre su día a día dentro de la empresa y las cosas que leen o aprenden de su sector.

- **Calendario**: para conseguir los objetivos que se marquen, debe organizarse el tiempo para mantener una cierta frecuencia. Por ejemplo, lo habitual es un post a la semana cuando se trata de una empresa de servicios pero un ecommerce puede hacer uno diario para promocionar 'el producto estrella' de ese día.

Los blogs corporativos no son lugares para publicar solo noticias corporativas. Mi recomendación, lógicamente, es dedicar más posts al marketing de contenidos y así lograr mejores resultados.

Blogs profesionales

Podría decirse que la mezcla de blog personal y corporativo es el blog profesional: lo escribe una persona pero con objetivos de empresa. Típico de profesionales que desarrollan una **marca personal** dentro de su sector, como podríamos ser los autónomos (el mío sería un ejemplo).

Objetivos, público objetivo y línea editorial coinciden bastante con los blogs corporativos pero depende del blogger introducir más o menos puntos personales, según su propio criterio. Eso sí, no hay que confundir dar una visión personal con tratar un tema personal.

Este tipo de blogs son los que más éxito tienen porque mezclan dos cosas importantes: **opinión e información**. Los blogs personales tienen mucho de lo primero y los corporativos de lo segundo. Los blogs profesionales, en cambio, juegan con la parte subjetiva y objetiva para atraer a su audiencia.

Transición blogger

Quizá empezaste tu blog como algo personal sin mayor preocupación que hablar de un hobby que no tiene nada que ver con tu trabajo y, casi sin quererlo, acabas haciéndote un nombre. Un día, tu vida profesional da un giro y te encuentras con que ahora tu blog es también un lugar desde donde explorar un nuevo negocio. Pasas entonces **de blog personal a profesional** porque necesitas rentabilizar a la comunidad que se ha generado a su alrededor.

Empiezas a ganar algo de dinero y piensas en juntarte con otros autónomos y montar una pequeña empresa para crecer como profesional. Ahora te encuentras con que tú tienes un blog y que tu empresa tiene otro, ¿cómo se combinan?

Considerando que en la nueva empresa habrá más personas en la misma situación, deberías mantener **tu blog independiente del corporativo**. Eso te permite seguir diciendo la tuya, tanto en lo profesional como en la parte personal de tu vida.

Para hacer la transición de tu audiencia más fácil, por un lado, puedes ir enlazando a los posts corporativos pero sin duplicarlos, solo añadiendo entradas que mencionen que has escrito un artículo en el blog corporativo.

Por el otro, puedes utilizar posts antiguos de tu blog que creas encajan en el nuevo y actualizarlos (repito, sin duplicar nada entre ambos blogs) para empezar así a tener contenido más fácilmente.

Categorías del blog

Si se piensa la estrategia de contenidos desde el principio, web y blog trabajan conjuntamente por el objetivo de la empresa.

Desde esta perspectiva, **las categorías y los temas** tratados en el blog deben estar alineados con lo que se explica en la web. ¡Prohibido dejar posts bajo 'Sin categoría', 'General' o indeterminaciones similares!

Hay varias maneras de **elegir las categorías básicas del blog**:

- Equiparar los **productos o servicios**: utilizar los nombres de las marcas si tenemos varias o de los servicios que comercializamos. Es una manera de vincular las secciones web con artículos del blog que puedan complementarlas.

- Pensar en los **temas** que vamos a tratar: serían los más relacionados con la línea editorial o los mensajes claves. Es una forma de que quien pase por allí sepa claramente de qué va el blog y si le interesan esos temas.

- Seleccionar las **palabras clave** por las que queremos posicionarnos: pueden agruparse si tenemos muchas. Es una forma de igualar categorías y etiquetas, aunque las segundas deberían ser mucho más concretas.

A la mezcla de todas estas opciones, hay que añadir una **categoría corporativa** bajo que la que se suelen incluir las noticias como novedades, promociones o concursos que se quiera comunicar para así evitar crear otra sección en la web diferente. Se puede usar alguna general como las que acabo de mencionar o, directamente, el nombre de la empresa.

El resultado es una **lista de categorías** que pueden ser 5 o 20, dependerá de todo lo que quieras contar en el blog. Si son muchas, piensa en agruparlas para clarificar la jerarquía; si son pocas, piensa en extenderlas con temas más genéricos.

Un factor clave para cerrar esta lista es tu **calendario editorial**: pensando a medio plazo, ¿cuántos posts habrás escrito para cada categoría? Si tienes pocas categorías, es posible que hayas escrito varios para cada una; si tienes muchas, necesitarás mucho tiempo para cubrir todas las categorías del blog. Una solución entonces es empezar por las categorías más relevantes y, con el tiempo, ampliar la lista.

Después de instalar WordPress y haber decidido el tipo de blog, las categorías que tendrá y más o menos la estrategia en cuanto a línea editorial y frecuencia de posteo, solo te queda escribir. Es entonces cuando no solo tienes un blog, si no que empiezas a usarlo para expresar tus ideas, acercarte a tu público objetivo, relacionarte con otros miembros de la blogosfera… a **ser blogger**.

Mantener un blog requiere **constancia**, organizarse para escribir es básico para que la frecuencia no disminuya y los esfuerzos de dedicación den sus frutos. Como es lógico, depende de las tareas y responsabilidades de tu propio trabajo, pero puedes dedicar 3h al día o escribir un post en 3 días, depende de ti.

Tu primer post

Como hemos visto al hablar de la redacción para tu web, no hace falta ser periodista para ser blogger pero sí conocer las características del medio en el que vamos a publicar. Lo más importante para diferenciarlo del tradicional es que en Internet **se lee de forma diferente**: la mayoría de las veces, más rápido. Esto afecta a la forma de escribir de manera que has de ser lo más específico y concreto posible.

Hay una eterna discusión sobre **la extensión de los posts**: ¿cuántas palabras es corto y cuántas son demasiado largo para ser leído? Una forma de contestar es con datos estadísticos.

El informe 'Content, Shares and Links'[4] de BuzzSumo y Moz viene a decir que **el 75% de lo que se publica online no interesa** (y se analizaron 1 millón de artículos). ¿Te parece impactante o era de esperar? Si hago caso a mi propia forma de leer blogs, diría que el porcentaje debería ser más alto porque solo leo cosas muy concretas y porque hay mucho contenido basura o de baja calidad.

Esto me lleva a otro dato igual de interesante: 'aunque el 85% de los contenidos que se publican tienen menos de 1.000 palabras de extensión, **los artículos de más de 1.000 palabras reciben más interacciones que los cortos**'. Atención, no confundir compartir con enlazar porque lo primero siempre es más fácil que lo segundo.

Otro estudio[5] con una muestra de personas que leen textos largos o **'longform lovers'** dice que éstos compartieron el 35% de lo que leyeron. Considerando que son artículos largos, se les supone de más calidad así que ¿quizá se podría esperar un número más alto? A mí me pasa muchas veces que, precisamente porque son largos, están poco especializados y por eso es más difícil que los comparta.

Y aún otro dato curioso es **a quién lo compartieron**: el 51% a alguien que conocen en persona y el 33% a sus contactos sociales. Quizá por eso el mail es el canal más utilizado (43% frente al 21% de Facebook y el 15% de Twitter), porque es más personal.

---

[4] https://moz.com/blog/content-shares-and-links-insights-from-analyzing-1-million-articles

[5] http://www.cjr.org/innovations/why_do_people_share_stories.php

Un volumen alto de palabras es igual de costoso en tiempo para el redactor que para el lector: cuesta de escribir porque seguramente hay más documentación y cuesta de leer porque, bueno, muchas veces no se encuentra el tiempo para leer… además, su expectativa es más alta porque supone una mayor inversión de tiempo.

Quizá en el futuro se inventen una métrica para los contenidos que combine extensión, engagement y tiempo. De momento, los números te pueden servir de referencia para el próximo análisis.

Mi recomendación es que intentes **concentrar al máximo** tus artículos: ¿merece la pena hacer una serie sobre el tema o es mejor hacer uno largo con toda la información? Piensa también en la frecuencia con la que publicas: ¿es mejor ocupar todo un mes sobre el mismo tema o repartirlo en varios meses para intercalar otros y así poder cubrir también otros igual de importantes?

Escribir cada día

Enfrentarse a la hoja en blanco a diario y no morir en el intento no tiene que ver con la motivación, es más bien una cuestión de **buscar la inspiración** en un lugar diferente cada día para que así no nos rehúya, es decir, cuando tenemos que publicar algo pero no sabemos el qué.

Para hacértelo más fácil, aquí tienes algunas **ideas para tu blog**:

- Busca qué se ha publicado en los grupos de LinkedIn que sigues, también en los comentarios que hayan dejado sus miembros.

- Aprovecha el calendario estacional para enfocarlo desde la perspectiva de tu negocio.

- Busca lo que en otra época se llamaba 'actualidad' y hoy se conoce como trending topic en Twitter.

- Imagina tu post a partir de una foto en Pinterest o en Instagram o un vídeo en YouTube o Tik Tok.

- Saca tu bola de cristal y cúrrate un post que ayude a levantar comentarios por ser visionario.

- Analiza lo mejor y lo peor del pasado y presente para predecir lo que te haría ser mejor.

- Desconecta todo lo que puedas de tu negocio y coge algo (película, canción…) que no tiene nada aparentemente que ver con ello y busca esa conexión.

- Visita a una biblioteca o librería y pasea entre las estanterías leyendo los títulos y mirando las portadas de diferentes géneros y, de nuevo, busca esa conexión.

Si lo tuyo es la lluvia de ideas, puedes utilizar la lista de categorías o etiquetas de tu blog para empezar el diluvio. También puedes recurrir a las palabras clave con las que quieres posicionarte y utilizarlas en alguna herramienta de generación de títulos[6].

Precisamente el **título** es una parte muy importante, el principio del artículo, pero has de tener en cuenta otras cuestiones para escribir tus posts. Por ejemplo:

- **Técnicas de redacción**: una buena forma de redactar es mantener el equilibro de 1 párrafo = 1 idea. Si, además, pones lo más importante para el usuario en el primer párrafo, tendrás más posibilidades de que lean el artículo completo. A esta técnica se la llama de la pirámide invertida y también puede aplicarse a redes sociales.

- **Jerarquía visual**: utiliza destacados, subtítulos, viñetas y negritas para facilitar la lectura. Por ejemplo, en cada párrafo destaca la idea fuerza con negrita; las enumeraciones de más de 2 o 3 puntos conviértelas en viñetas, aunque sean de pocas palabras.

- **Enlaces**: no olvides citar tus fuentes, aportar recursos para complementar la información y autoenlazarte. Enlazar es un arte que no te hará perder visitas si no que ganarás credibilidad.

---

[6] En mi centro de recursos tienes unos cuantos:
https://www.marketingdecontenidos.es/faqs/donde-encuentro-temas-para-escribir/

El final es igual de importante que el título porque es donde suele encontrarse la **llamada a la acción (call to action o CTA)**. Las siglas AIDA describen esta técnica: llamar la atención (A) con el titular, despertar el interés (I) con el primer párrafo, crear deseo (D) con el resto de párrafos y llamar a la acción (A) con el último. Puede ser un 'compra ya', 'descarga ahora' o 'regístrate aquí': tú decides qué acción quieres que haga el lector después de haber consumido la pieza de contenido. Hablaremos largo y tendido sobre CTA en los siguientes niveles.

Redes sociales para content curation

Posiblemente estás utilizando las redes sociales como una vía de expresión personal pero a partir de ahora has de pensar en ellas como **un canal más** dentro de tu estrategia de contenidos. Tendrás que ponerle seriedad al asunto porque pueden ser un auténtico agujero negro temporal y ya hemos aclarado al inicio que, aunque no hagan falta muchas horas, algo de tiempo sí hay que dedicar a los contenidos.

Si el tiempo es relativo, **en las redes sociales pasa muy deprisa** porque se consumen las piezas de contenido cada vez más rápido. No tienes más que recordar la última vez que consultaste Instagram o Tik Tok: ¿te acuerdas de todo lo que viste? Seguramente solo una parte, la que más llamó tu atención.

En este capítulo vamos a ver cómo puedes ser más constante y llenar las redes sociales con menos esfuerzo si **recomiendas enlaces de otras personas**, es decir, haciendo content curation. Deja para otros canales corporativos el discurso de venta y **comparte contenidos de terceros en tus redes**. Si alguna vez has hecho un retuit, ya has visto qué fácil es. En el siguiente nivel profundizaremos más en las recomendaciones como forma de ganar visibilidad y reputación.

El curator que llevas dentro

La curación de contenidos es una buena forma de empezar en el marketing de contenidos, sea cual sea tu sector.

Bueno, en realidad, no para todos porque algunas veces hay escasez de fuentes y en ese caso es mejor crear contenidos y no curarlos. Pero, en general, es una buena idea y te voy a dar tres motivos para demostrártelo.

Has de administrar tus recursos

Cuando se empieza, hay muchas cosas que contar porque hay mucha energía puesta en el negocio. Ya sea por una tienda física o por el desarrollo de un producto, al inicio de cualquier andadura profesional, **hay novedades prácticamente cada día**. Los contenidos corporativos tanto para la web como en el blog fluyen a buen ritmo: 'nosotros esto', 'nosotros lo otro', 'hoy hemos hecho esto', 'mañana haremos lo otro'…

¿Cuánto tiempo **podrás mantener el ritmo?** ¿Cuántas cosas de ese tipo, sobre ti y tu negocio, podrás contar cuando tu empresa ya esté asentada? ¿De qué puedes alimentar tus canales corporativos si no es de tus proezas?

Además, **piensa en el tiempo** que dedicas a crear contenidos para tu blog o, mejor aún, en lo que dejas de hacer. ¿Gestionas correctamente tus recursos? La curación de contenidos te llevará menos tiempo, eso te lo aseguro, y podrás dedicarte a lanzar y a hacer crecer tu empresa.

¿Se puede hacer de content curator en solo 15 minutos al día? Yo creo que sí es posible pero antes has de tener la estrategia clara. Por ejemplo:

- ¿Cuántos **recursos** internos deben dedicarse a la curación de contenido?

- ¿Qué **herramientas** son las que me permiten ahorrar tiempo?

- ¿Cómo puedo compaginar la curación con la **creación** de contenido?

Se dice que la atención es el recurso escaso y una de las funciones del curator es **ahorrar tiempo a sus lectores**, aunque para eso tenga que invertir el suyo.

Gracias a ciertas herramientas, tendrás una forma de trabajar perfectamente organizada para que esos 15 minutos lo sean de verdad y no te compliques innecesariamente buscando, seleccionando y compartiendo contenidos de terceros.

Lo primero, de cara a empezar de manera organizada, es crear, instalar o configurar:

- **Alertas** depuradas y concretas, cuanto más específicas mejor para que el contenido que te llegue ya haya sido previamente filtrado, por ejemplo por Google (sus alertas son básicas pero un buen principio).

- **Lectores** de RSS como Feedly o Inoreader para recibir novedades de blogs y medios, incluso leer newsletters en sus versiones de pago.

- **Aplicaciones** para compartir instaladas en el móvil o en el navegador (**bookmarklet**) para que tanto el descubrir y como el compartir estén al alcance de un click.

- **Canales de publicación** convenientemente entrelazados para que los contenidos lleguen al usuario sin que tenga que suscribirse a todos tus canales y sin que se duplique la información entre ellos.

Esto puede llevar un día o una semana, pero cuando la parte técnica funciona como una maquinaria perfectamente engrasada, llegan los 15 minutos al día… que se dedican a **leer, leer y leer**.

Ya lo estás haciendo, casi sin darte cuenta

Los datos nacionales de lectura suelen dejar mucho que desear, ya lo sé. Pero, si has comprado este libro y lo estás leyendo, es que tienes algún interés en **ampliar tu conocimiento**. Así que, asumo, leerás otras fuentes como blogs y medios sobre los temas que te tocan más de cerca. ¿Sí? Pues ya podrías estar haciendo curación de contenidos porque en eso consiste la primera de sus etapas: recopilar contenidos de varias fuentes.

Descubrir enlaces interesantes y compartirlos, eso es la curación de contenidos. Aunque hay herramientas que te ayudarán, quizá no necesitas complicarte si ya estás dedicando tu tiempo a **encontrar y seleccionar contenidos**. También estás haciendo content curation si escribes en tu blog pero lo llamarás **documentación**.

Obtendrás similares beneficios

Empezar se hace cuesta arriba, más aún si es con palabrejas como content curation… pero los contenidos han demostrado ser eficaces para muchas cosas. La buena noticia es que la curación de contenidos tiene casi, casi los mismos beneficios que la creación de contenidos. Sí, aunque hables de otros puedes lograr la **visibilidad para tu marca** que necesitas cuando estás empezando.

La mala noticia es que has de aceptar compartir el protagonismo de tus canales: has de enlazar a contenidos de otras empresas. ¿Te ves capaz de hacerlo? Felicidades, si has dicho que sí, **ya eres un content curator**. Si has dicho que no, mala suerte, mejor prueba con otra estrategia.

Para hacer curación de contenidos no hacen falta grandes presupuestos, ni muchos recursos, ni más tiempo del que ya estás utilizando para mantenerte actualizado de las novedades de tu sector. Es una forma sencilla de ir incorporando los contenidos en tu día a día y **dar credibilidad a tus mensajes corporativos**. Demostrarás que conoces lo que te rodea y que no te da miedo la competencia. Y eso es algo bueno, para empresas de todos los tamaños y de todas las edades.

Cuestiones éticas

Quizá hablar de la ética de los contenidos te suene extraño, pero es necesario. Un uso ético o correcto del contenido implica que se han de **atribuir las fuentes**, que no vale hacer un copiar y pegar y poner un nombre al final, pequeñito y sin enlace. Hay muchas formas de **dar las gracias** a quien ha creado el contenido pero enlazarle es la mínima.

Sin la creación, no hay curación posible. Si todos nos dedicásemos a aprovechar el contenido de los demás, quizá los creadores dejarían de escribir porque se sentirían explotados. Así que, por favor, recuerda que **enlazar es gratis** y que tiene beneficios para todos.

Esto siendo los curators, pero siendo las personas a las que enlazan también tenemos que agradecer los enlaces que nos dan. Claro que, como hemos visto al hablar del control, se pierde en el momento que publicamos y cualquiera puede **utilizar nuestros contenidos sin avisarnos**. Por mi experiencia las veces que han plagiado mis contenidos, he aprendido que:

- Las licencias como Creative Commons sirven para recordárselo a los buenos, no para los malos. La manta es un claro ejemplo: el aviso lo ven los que han pagado por el DVD.

- Has de estar alerta siempre, a la caza del infractor. Algunos son más descarados que otros pero se puede pillar a unos cuantos con herramientas específicas, como Plagium.

- Es mejor tratar de arreglarlo por las buenas, sin darle más visibilidad al infractor. A las malas siempre se le puede hacer boicot o acudir a abogados.

Si te ocurre, espero que llegues a las mismas conclusiones que yo: no hagas que paguen justos por pecadores, sigue esforzándote por crear contenidos de calidad pero guárdate algo que solo des a tus clientes.

Tus primeras actualizaciones sociales

Decidir cuáles son las redes más adecuadas forma parte de la estrategia, aunque no siempre se piensa en qué contenidos se utilizarán. Qué perfiles abrir o a cuáles darles prioridad debe resolverse según los objetivos que quieras cumplir. Por ejemplo, puedes empezar en Instagram, luego con Facebook, Twitter y después con LinkedIn; o al revés si tu negocio es B2B.

Nadie dice que las gestiones todas a la vez, al contrario: puedes utilizar tus perfiles personales para probar qué tal lo llevas antes de abrir los corporativos en esas redes. Eso sí, a la hora de elegir los nombres de las cuentas, trata de que sean iguales en las diferentes redes para que el usuario las identifique fácilmente.

El siguiente paso será **configurar y personalizar las cuentas**, incluyendo:

- Ajustar el **diseño** para que respete el look&feel corporativo: utilizar logo y colores correctamente es básico para mantener la identidad visual de tu empresa.

- Añadir la **descripción** en cada perfil: no olvides dejar claro tu posicionamiento y utilizar alguna palabra clave. La parte visual se prima muchas veces al configurar las redes, pero no descuides la textual.

- Instalar los bookmarklet en la **barra de marcadores** o las extensiones de tu navegador para poder compartir fácilmente en cada red donde tengas presencia.

Cuando hayas hecho todo esto, ya puedes crear **tus primeras actualizaciones**. Igual que con el blog, puedes optar por hacer un mensaje inaugural o empezar directamente a compartir contenidos. Para mantener una cierta frecuencia y no utilizar solo mensajes corporativos, la curación de contenidos es la mejor opción.

Conviene aclarar en este punto que **no todas las redes sociales son iguales**. Por ejemplo, se suele hacer un uso más intensivo de Twitter que de Facebook, lo que hace que la frecuencia de actualización en el primero sea mayor que en el segundo (3 o 4 al día frente 1 diario es lo más habitual). Además, ni los perfiles de usuario ni sus características se parecen, así que no sirve poner lo mismo en todas. Se hace, es verdad. Pero debería limitarse a cuando no se tienen recursos porque los mejores resultados se obtienen cuando se personaliza cada una de ellas.

A la hora de escribir tus actualizaciones, prácticamente todas las redes funcionan igual. Algunas recomendaciones generales:

- Pon **al principio** lo más importante.

- Haz una **pregunta** y da la respuesta.

- Anima a **la acción** desde el primer momento.

- Añade un **hashtag** entre las frases o déjalo para el final. Con uno o dos es suficiente pero intenta usar las mismas palabras siempre para que cumplan su función.

- **Simplifica**, ve al grano.

- Incluye **imágenes** atractivas para que la tuya destaque entre otras actualizaciones.

- Enlaza, enlaza, enlaza.

Hasta que tengas cierta soltura escribiendo algo de valor en cada red, no empieces con la promoción de tus cuentas sociales. No importa si pasan unos días. Entonces, además de añadir a tu web tus perfiles sociales para que te sigan, la opción más sencilla es **relacionarte con la comunidad de cada red**:

- Seguir a personas que conozcas personalmente, empresas que te gusten, a referentes, medios de comunicación, tu competencia…

- Crear listas en Twitter (recuerda que pueden ser privadas) y añadir favoritos a tu página de Facebook es una forma de organizarte y también de recomendar a otros perfiles.

- Unirte a grupos de Facebook o LinkedIn para darte a conocer con tus contenidos y también para descubrir los de los demás miembros.

De esta manera te será mucho más fácil hacer content curation: solo tendrás que compartir las actualizaciones que te parezcan interesantes. Cuando tengas aún más confianza en el uso de tus redes, añade comentarios que aporten un **valor adicional a tus mensajes**. De hecho, se puede clasificar el contenido filtrado es según la aportación que hace el curator. Por ejemplo, en Twitter:

- Retuitear es la forma más sencilla de **dar visibilidad a otras personas**. Viene a ser una invitación a que el lector descubra por su cuenta lo que le aporta ese contenido.

- Citar es la mejor forma de **comentar lo que se está recomendando**. Si el comentario a hacer es muy largo, entonces mejor optar por un post para explicar más ampliamente tu punto de vista.

Y ten siempre presente que no debes estar en las redes sociales porque te guste más o menos alguna de ellas: lo que importa es cuál (y por qué) le gusta a tu cliente potencial.

En la práctica

Después de haber ido contestando parcialmente las preguntas que te he planteado, es momento de darle un poco de forma a la estrategia reuniendo todas las conclusiones en el mismo lugar. Te sugiero que las contestes para que te sirvan de referencia en el siguiente nivel.

Objetivos: ¿qué quieres conseguir…

- a corto plazo?

- a medio plazo?

- a largo plazo?

Perfil: ¿a quién diriges tus contenidos?

- ¿Quién es tu cliente ideal?

- ¿Conoces a alguien así?

Línea editorial: ¿qué vas a contarles?

- ¿Qué tienes en común con tu cliente ideal?

- ¿Cómo le hablarías?

Canales: ¿dónde vas a distribuir tus contenidos?

- ¿Qué secciones tendrá tu **web**? ¿Cómo se organizarán jerárquicamente y en menús?

- ¿Qué tipo de **blog** será? ¿Qué categorías tendrá? ¿Sobre qué temas escribirás?

- ¿Cómo utilizarás las RRSS? ¿Cuáles has elegido? ¿Sobre qué tema harás curation?

Contenido intermedio, para empresas que confían en los contenidos

Si vienes del nivel anterior, espero que le estés cogiendo el gusto a esto de los contenidos y quieras seguir avanzando hasta rentabilizar de verdad la confianza que has puesto en ellos. Si en el nivel básico vimos las opciones para tener una presencia online mínima para decir que tenías una estrategia de contenidos, en el intermedio vamos a ponerlos a trabajar para lograr lo que quieras.

En otras palabras, este nivel está dedicado a **asociar contenidos con objetivos de la empresa.**

Claro que quizá empiezas el libro por este apartado porque tu empresa ya tiene contenidos. Para asegurarnos de que es así y también para empezar a crecer en base a tus respuestas del nivel anterior, empezaremos esta parte revisando la estrategia que tienes hasta ahora para confirmar que **está documentada** y preparada para avanzar hasta la monetización de los contenidos.

Estrategia semi profesional

Lo que hicimos en el nivel básico fue una estrategia de contenidos sencilla, orientada a darle un mínimo sentido a tu presencia digital.

Si te diste cuenta, el plan que te he ido proponiendo gira alrededor de **un índice** más o menos similar a este:

1. Objetivos

2. Público objetivo

3. Línea editorial

4. Canales de distribución

5. Calendario editorial

Se empieza en el primer punto porque el uno incide en el dos, sin el dos no se puede saber el tres y sin el tercero no se puede determinar el cuatro, lo mismo que el quinto es consecuencia del cuarto: **todo está ligado**. Por ejemplo y sin entrar en detalles: si vas a abrir nuevas franquicias de tu negocio y tu objetivo es lograr franquiciados, el público será quien esté buscando este tipo de trabajo. Lo que les vas a contar tendrá que ver con tu franquicia pero también en general los beneficios de ser franquiciado. Elegirás los canales sabiendo dónde se encuentran ellos y decidirás cuándo publicar considerando tanto tu capacidad para crear contenidos como la de ellos para consumirlos. Pero si tu objetivo es llevar más clientes a la tienda y así lograr que los franquiciados vengan a ti, la estrategia cambia completamente, ¿te das cuenta?

Como vimos, para profesionalizar la estrategia es necesario hacerse muchas preguntas en cada uno de los puntos del índice. En el siguiente nivel seguiremos profundizando, pero de momento nos centraremos en las siguientes:

- ¿Están alineados los **objetivos** de tu empresa con cada contenido que publicas?

- ¿Sabes lo que le preocupa a tu **audiencia**?

- ¿Estás usando los **formatos y canales** adecuados para que tus **mensajes** lleguen a tu audiencia?

Estas preguntas están orientadas a quitar definitivamente los obstáculos que te impiden avanzar en **el crecimiento de tu empresa a través de los contenidos** por lo que vamos a centrarnos principalmente en el primer punto del índice (objetivos) para articular la estrategia alrededor de este deseo.

Asegúrate de tener espacio en el cuaderno que estás usando porque seguiré planteándote cuestiones sobre las que tendrás que tomar decisiones.

Objetivos de marketing y de contenidos

En el escenario de nivel básico de madurez de la estrategia, hemos definido tus objetivos haciendo preguntas muy sencillas tipo '**qué quieres conseguir**'. Pero a medida que tu empresa crece, resulta más complejo definir qué quieres y conviene ser más específico.

Para ello, utilizaremos el **método GOST**. Estas son las siglas en inglés que te ayudarán a planificar, entre otras cosas, tu uso de los contenidos:

- **Goals**: puedes encontrar tus **metas** respondiendo a la clásica pregunta de **qué quieres conseguir**. Una respuesta típica es vender más porque está relacionada con lo que la empresa quiere, en general y no solo con los contenidos. Es lo básico que respondiste en la primera parte de este libro.

- **Objectives**: a menudo se confunden con las metas pero podemos decir que la suma de objetivos nos ayuda a llegar a la meta final que suele ser a más largo plazo. Los mejores **objetivos son los SMART**: concretos, medibles, realistas y con un plazo determinado de tiempo para conseguirlos (las siglas en inglés que forman el acrónimo). Por ejemplo, diríamos que queremos aumentar las ventas un 10% con la adquisición de 50 nuevos clientes en un mes y un 5% desde los clientes ya existentes.

- **Strategies**: otra forma de llamar a **la estrategia es el plan** porque, efectivamente, es la planificación que hacemos para lograr los objetivos. Aquí es cuando dentro de este plan decidimos usar los contenidos de una determinada forma… entre otras muchas opciones a nuestro alcance. Por ejemplo, podemos crear un blog con contenidos educativos para atraer nuevos clientes y empezar una newsletter con promociones para clientes. Hay muchas opciones, tantas como canales y estrategias de marketing queramos utilizar.

- **Tactics**: la forma de implementar la estrategia son las **tácticas** que están compuestas por **acciones o campañas**. Siguiendo con el ejemplo, cada post podría ser una acción igual que cada envío de la newsletter sería una campaña.

Como ves, va de más grande a más pequeño, de más general a más concreto. Muchas veces todo este detalle no se desarrolla porque se centra en una estrategia concreta (plan de medios sociales o el propio plan de contenidos) sin tener una visión de conjunto. Para lograr estos **objetivos de marketing**, pueden utilizarse diferentes estrategias que coinciden con canales: email marketing, social media marketing (SMM), search engine marketing (SEM)… y también diferentes formas (o estrategias) de utilizar los contenidos: content marketing, content curation, branded content, inbound marketing…

Depende de la estrategia global decidir a cuál de estas vías se le da más peso. Por ejemplo: para atraer tráfico hacia una tienda online, se puede invertir en anuncios de AdWords y crear un blog para destacar los beneficios de los productos. Desde esta perspectiva, los objetivos de los contenidos han de estar de acuerdo con los de marketing, es decir, primero se definen unos y después los otros.

Volviendo a la pregunta inicial, añádele la coletilla 'con los contenidos' (¿qué esperas conseguir con los contenidos?) para **verlos como una estrategia** y no solo como una táctica de otras estrategias. A estas alturas, quizá te hayas dado ya cuenta que todos los objetivos que tengamos (tráfico, ventas, reputación…) pueden conseguirse con una buena planificación de contenidos… combinada con otras vías porque si antes decíamos que no nos teletransportan, los contenidos tampoco hacen milagros si están aislados.

Igual que en el nivel básico, las decisiones de las estrategias a utilizar condicionarán los siguientes pasos y determinarán, por ejemplo, el volumen de contenidos y su enfoque comunicativo.

Objetivos comunes con tu audiencia

Los objetivos que has encontrado anteriormente es lo que te mueve a crear contenidos. Pero también hay que tener en cuenta **las motivaciones de tu audiencia** para buscarlos.

Ya te adelanto que no siempre coinciden. Empecemos por ti:

- ¿Por qué quieres utilizar los contenidos?

- ¿Para qué te sirve cada contenido que publicas?

- ¿Qué pasaría si hoy cerrases todos tus canales?

Más o menos acabas de responder hace un par de párrafos. Por ejemplo: quiero darme a conocer entre mis clientes, me sirve para promocionar mis productos y si no publico nada pierdo tráfico para mi web.

¿Has contestado algo parecido? Fíjate en tu blog para valorar tu respuesta:

- Si tu blog es corporativo, seguramente los **motivos económicos** son los que más pesan. Es lo normal, pero estaría bien combinarlos con otros.

- Si mantienes un blog profesional, quizá tus respuestas han ido más por la vía de que quieres **aprender** o porque da **prestigio** ser un blogger en tu sector.

- Si escribes un blog personal, la **diversión** o el **desahogo** es lo que te motiva así que si lo cerrases te sentirías fatal.

Las motivaciones pueden **variar con el tiempo**. Por ejemplo: desde que abrí mi blog en 2004, ha ido evolucionando de personal a profesional (y casi podría ser corporativo si consideramos micro empresas a los autónomos como yo).

Si nosotros cambiamos, nuestra estrategia de contenidos debe cambiar también.

Ahora vamos con tu audiencia:

- ¿Por qué crees que visita tus contenidos?

- ¿Para qué le sirve cada pieza que publicas?

- ¿Qué pasaría si no los encontrase?

¿Conoces suficiente a tus clientes potenciales para contestar ahora mismo? En el siguiente nivel les conoceremos mucho más pero la última pregunta es fácil: lo buscará en otro lugar. Las otras merecen un poco más de reflexión.

Una forma de responder son los micro momentos que propone Google[7]:

- **Conocimiento**: 'quiero información sobre…' puede ser también 'quiero ver…' si pensamos en que YouTube es fuente de inspiración.

- **Necesidad**: 'he de solucionar…' (Google lo llama 'I-want-to-go moment' pero creo que se puede aplicar aunque no estés en el móvil).

- **Ayuda**: 'quiero hacer algo…'.

- **Compra**: sí, también quieren comprar… ¡pero no siempre!

Ponte en la piel de tu cliente ideal por un momento e intenta contestar a las preguntas teniendo en cuenta esos micro momentos aplicándolos a tu negocio. Por ejemplo: ¿qué conocimiento transmites a tu audiencia? ¿Lo haces en todos tus contenidos? ¿Hay alguien más en tu sector que cubra ese momento?

Y, para acabar el ejercicio, intenta **combinar tus respuestas** con las que acabas de dar para tu audiencia: si has puesto que tu motivación es vender, ¿qué contenido publicas para los que aún no quieren comprar? O si, como yo, aprendes a diario con la excusa de tu blog, ¿qué pasa si tu audiencia ha de solucionar algo muy concreto? Y, ¿qué ocurre cuando buscas reconocimiento social y tu audiencia quiere ayuda?

Cuadrar todas tus motivaciones con las suyas es como en algunas clases recomiendo establecer los objetivos de la estrategia de contenidos para no olvidar que **el marketing de contenidos es empatía** y depende mucho de las expectativas de nuestra audiencia.

En su libro 'Waiting for Your Cat to Bark?'[8], Jeffrey & Bryan Eisenberg llaman impulso persuasivo (persuasive momentum) a este proceso de alinear lo que tú quieres con lo que quieren tus clientes y más adelante trabajaremos sobre ello para optimizar tu web.

---

[7] https://www.thinkwithgoogle.com/intl/es-es/infographic/conquista-los-momentos-que-mas-importan/
[8] "Waiting for Your Cat to Bark?" Jeffrey & Bryan Eisenberg, ed. Thomas Nelson (2007).

Perspectiva editorial de los objetivos

Una de las características de este nivel de madurez es que se generan muchos contenidos, dando más importancia a la cantidad que a la calidad. Pero hay que ser consciente de que cada vez hay más empresas compitiendo por la atención de la misma audiencia. Ya no basta con 'estar', hay que 'saber estar'.

Para ello, lo principal es elegir **el tema de tus contenidos**. Te propongo un ejercicio: deja volar tu imaginación por un momento y piensa en el enemigo de tu yo corporativo, es decir, no en tu vida personal si no en tu vertiente profesional.

Te pongo el escenario: estás en un cuadrilátero (no te preocupes, no tendrás que pelear con nadie). Imagínate que en un lado del ring estás tú, vestido para la ocasión y con ganas de enfrentarte a tu oponente. Suena el gong, te levantas, aplaudes con los guantes y vas hacia el centro para empezar el primer asalto. Contesta lo primero que venga a tu cabeza: ¿contra quién luchas? ¿Cuál es el principal obstáculo de tu empresa para prosperar?

Si has pensado en cosas generales como la crisis, vuelve a pensar. Si has pensado en un nombre propio, aunque sea el de tu jefe o algún cliente, vuelve a pensar. Lo más probable es que hayas pensado en alguna empresa de la competencia. ¿Correcto? Pues no deberías, ellos no son tu enemigo.

Replanteo la fantasía: estás en un rincón del cuadrilátero y en el rincón delante de ti está tu cliente ideal. Lo reconoces porque ya has trabajado con él. Suena el gong, te levantas, aplaudes con los guantes y vas hacia el centro para... ¿enfrentarte a tu cliente ideal? Mejor no amoratar la cara de quien va a pagar tus facturas, ¿no te parece? Entonces, si **no luchas contra tu competencia ni contra tu cliente**, ¿quién es tu oponente?

La respuesta la puedes encontrar en esta otra situación hipotética. Tu cliente ideal está en un rincón del cuadrilátero, arrinconado por su contrincante. Parece que no tiene escapatoria, le cuesta resistir los golpes de... ¿quién o qué? Contesta lo primero que venga a tu cabeza: **¿quién crees que es el enemigo de tu persona?** Por ejemplo, ¿qué le impide ser mejor en su trabajo? ¿Qué necesita para ser más feliz?

Perfila la respuesta, ¿crees que lucha contra una empresa o tiene otras preocupaciones para no querer comprar tus productos o contratar tus servicios? ¡Bingo! Esas preocupaciones son tu tema: debes encontrar el enemigo común que tenéis y acercarte a tu audiencia, para ayudarle a combatir el miedo, alejar sus preocupaciones. Has de actuar como **el entrenador de tu persona**, eres quien le ayuda a conocer la técnica necesaria para derrotar a quien se ponga por delante, para superar obstáculos. Estar a su lado significa que tus contenidos deben ayudar a tu persona a hacerse fuerte frente a ese enemigo.

Sobre esto habla brevemente Brian Clark en el ebook 'How to create content that converts'[9]. Lo asocia al storytelling y al viaje del héroe, siendo éste el cliente y la marca su mentor. De esta forma, por un lado, el contenido se centra en el usuario y no en la marca como ocurriría en el primer escenario (cuando pensabas que el enemigo era tu competencia). Y, por el otro, el usuario percibe la marca como su héroe porque le ayuda a superar sus problemas.

Pero decía hace un momento que cada vez hay más empresas intentando llamar la atención de sus clientes, intentando ser los héroes de la historia. Así que te propongo un nuevo ejercicio para encontrar una buena perspectiva editorial para tus contenidos. Es sencillo, para buscar un **nuevo punto de vista que te diferencie**, súbete a la mesa más cercana. Quizá recuerdes esta frase por 'El Club de los Poetas Muertos', una película que te invito a ver si aún no has tenido la ocasión de disfrutar.

Resumiendo la escena de la mesa: el profesor de literatura pide a sus alumnos que se suban a su mesa para ver el aula **desde otra perspectiva** y así enseñarles a encontrar su propia voz. Cualquier enseñanza de las muchas que hace Robin Williams en esa academia serviría para aplicar a la redacción pero ésta es la más evidente.

No es que quiera compararme con el Sr. Keating ni hacer de Capitán, pero sí que **quiero animarte a que pienses en tus contenidos desde todas las perspectivas que se te ocurran**. A menudo nos dejamos llevar por lo que ya conocemos y llegamos a una conclusión con datos parciales.

---

[9] Disponible en <u>http://www.copyblogger.com/create-content-that-converts/</u>

La parábola del elefante y los ciegos[10] te puede ayudar a ver por qué dar un par de pasos atrás y **tratar de ver la globalidad** de lo que estás analizando: si solo explicamos nuestro punto de vista, puede haber otros que no lo perciban igual y crean que estamos locos. Si eso pasa, los estaremos perdiendo, dejarán de leer y con total probabilidad de comprar.

Pero si nos esforzamos en ver nuestro producto, nuestro servicio o nuestra empresa como nunca la hemos visto, estaremos un par de pasos más cerca de los posibles clientes o de la competencia, en este ejercicio da lo mismo. Súbete a tu mesa (ya te habrás dado cuenta que es metafórico, ¿no?) e imagina **cómo vería otra persona los contenidos que has publicado recientemente**. ¿Se llevaría una imagen real de tu negocio?

Recupera el perfil que habías diseñado en capítulos anteriores, ¿qué tendría que cambiar en tus contenidos para que tu audiencia pensase que lo habías **escrito pensando ella**? Quizá te suene un poco ñoño pero el marketing de contenidos tiene ese romanticismo que da el saber que le preocupas a la persona con la que estás.

Si lo prefieres, plantéatelo así: ¿tus contenidos aburren a tu audiencia? ¿La conoces suficiente como para saberlo? Aunque en el siguiente nivel profundizaremos mucho más en ello, vamos a relacionar los objetivos de tu empresa con el ciclo de compra del usuario de manera que sepas mejor qué contenidos les interesarán.

Objetivos a muy corto plazo

- El usuario quiere **solucionar un problema** (lo que le ha hecho llegar a tu contenido, recuerda los micro momentos). Tienes solo unos segundos para contestarle o se irá.

- Tú quieres que encuentre tus contenidos. Sí, aún antes de querer venderle algo, primero te ha de encontrar.

Objetivos a corto plazo

- El usuario está satisfecho con tu respuesta a su problema y quiere conocerte un mejor, mirar **más contenidos tuyos**.

---

[10] Léelo en la Wikipedia: http://es.wikipedia.org/wiki/Los_ciegos_y_el_elefante

- Tú quieres que se pasee por tu web para **explicarle quién eres y qué haces**. Antes de vender nada, has de poner un contexto a la venta.

Objetivos a medio plazo

- El usuario se ha formado **una imagen de ti** a partir de tus contenidos y quiere seguirte porque te ve como un recurso de valor para su futuro.

- Tú quieres contarle más sobre cómo puedes **ayudarle con tus productos** o servicios. Aún estamos preparando el muestrario, no tengas prisa.

Objetivos a largo plazo

- El usuario tiene otro problema y quiere solucionarlo **contigo**.

- Tú, ahora sí, quieres **venderle** productos o servicios. Pero fíjate primero todo lo que te recomiendo que hagas para llegar a aquí.

Objetivos a más largo plazo

- El usuario está satisfecho y quiere **seguir confiando en ti**.

- Tú quieres **cuidar a tus clientes** y por eso les ayudas con sus problemas entrando de nuevo en el círculo de los objetivos.

Como ves, los contenidos pueden ayudarte a influenciar en el antes y el después de la venta.

En este nivel vamos a ir viéndolo en detalle para que tus objetivos y los suyos se alineen.

Más formatos, más canales

En este nivel de madurez, igual que en el siguiente cuando hablemos de optimización, es necesario revisar mínimamente los canales corporativos y asegurarse de que cumplen con los objetivos:

- La **web** se vuelve más autosuficiente al tener en cuenta, no solo los objetivos de la empresa, también los del usuario. Quizá el árbol de contenidos se ha de reordenar para desenterrar alguna sección y los contenidos actualizarse para responder a las preguntas que hemos visto hace un momento. Si hay quien cambia la web visualmente cada cierto tiempo, ¿por qué no también sus contenidos?

- El **blog** también debe revisarse para confirmar que las categorías siguen siendo válidas y si los posts más relevantes deben destacarse o alguno editarse para mejorarlo.

- Las **redes sociales** suelen tener mucho contenido porque tienen mayor frecuencia de actualización, pero no es necesario revisarlo todo: con fijarse en el último mes será suficiente para ver si los últimos contenidos tienen sentido para cubrir los diferentes objetivos propuestos.

Pero también se incorporan **nuevos formatos** y algunas herramientas para su creación y gestión. Al tener aún más claro qué se quiere conseguir con los contenidos, es momento de valorar los **diferentes formatos** para ver cuál es el mejor para lograrlo:

- **Newsletter:** el correo electrónico se convierte en un gran aliado de los contenidos.

- Guías, tutoriales, plantillas: contenidos basados en **compartir conocimiento** con los usuarios.

- Ebooks, white papers: **contenidos muy especializados.**

- Multimedia: vídeos, podcasts e infografías son **contenidos visuales** muy apreciados por los usuarios.

- **Webinars:** contacto directo con un experto en la materia, dentro de la empresa o invitado.

Web, blog y redes sociales son solo la base sobre la que se asientan y se dan a conocer cualquiera de esos formatos. Por ejemplo, aunque el vídeo se aloje en YouTube, puede incluirse en un post o en una sección específica de la web si trata sobre un producto. Lo mismo ocurre con las guías o los webinars y cualquier otra pieza de contenido: conviene **separar entre formato y canal**

para ver que el formato puede usarse en cualquier canal pero hay canales que solo admiten un formato.

Un error habitual es añadir **nuevos canales pero utilizando los mismos formatos y los mismos contenidos**. Por ejemplo, si en el nivel básico hemos abierto página en Facebook y perfil en Twitter, ahora se añade página en LinkedIn; si teníamos YouTube, se añade Tik Tok; a Pinterest se le suma Instagram; etc. ¿Todo ello con el mismo volumen de contenidos? Abrir un nuevo canal suele suponer crear más contenidos si es que se quiere dar a cada uno una **personalidad**.

Un criterio de selección puede ser la dedicación o atención que tendrás que prestarles. Piensa que, al aumentar el volumen de contenidos, también sube el tiempo requerido para trabajar con ellos, incluyendo el tiempo de aprendizaje. La dedicación es mayor cuando se desarrolla todo dentro de la empresa pero, como veremos más adelante, la **externalización** puede ser una buena solución.

Una forma de organizarnos para la creación los diferentes formatos y su posterior distribución en varios canales es **según el objetivo dentro del proceso de compra**. Imagínate un embudo (funnel) para, por ejemplo, llenar una botella: por la parte amplia superior viertes el agua y ésta circula más o menos deprisa hasta la parte inferior que es mucho más pequeña. Aunque el recorrido no es ni mucho menos siempre tan lineal y puede haber varios bucles durante el proceso, se suele utilizar esta figura triangular para entender ese recorrido supuestamente ideal porque mucha gente es impactada por la marca pero poca acaba comprando. Por el camino de la parte superior (Top Of the FUnnel o **TOFU**) a la inferior (Bottom Of the FUnnel o **BOFU**), el posible comprador pasa por una central (Middle Of the FUnnel o **MOFU**) donde tus contenidos actúan de conductores: si no les acompaña durante el proceso, buscará a otra empresa que le guíe (siempre puede haber alguien al otro lado del cuadrilátero que quiere ayudar a tu audiencia).

Dado que en este nivel los objetivos son la base de la estrategia, vamos a incorporar el funnel y sus etapas para definir cada fase. Tanto si tu empresa tiene solo unos meses de vida como si ya está consolida en el mercado, te recomiendo que empieces por la parte alta igualmente para asegurarte de que no descuidas ningún contenido.

Canal principal para tu objetivo

El contenido es la forma que tiene tu cliente de descubrirte, de conocerte mejor, de valorarte, de comprarte y de quedarse contigo. Cada canal tiene sus formatos, su público y quizá hasta su objetivo así que no todos son igual de importantes para tu estrategia. ¿Dónde es mejor dedicar tus esfuerzos? ¿Cuál es secundario y si no lo actualizas 'no pasa nada'?

Vuelve al cuaderno de ejercicios: debes **elegir el canal de venta principal**. Te ayudará coger un poco de perspectiva de cada uno de ellos si los visualizas de forma general: un árbol de contenidos para la web; una lista de categorías y etiquetas de tu blog; los hashtags que hayas usado recientemente en redes. Después repasa las estadísticas que tengas de cada canal para ver su influencia en **tu objetivo de negocio**. El ganador es tu canal de venta principal.

Está claro que vendemos desde cualquier sitio y cualquier plataforma es un punto de contacto y de entrada de posibles clientes. Pero también conviene tratar de orientarles siguiendo la ruta más efectiva para tu negocio y así llevarles a **tu destino ideal**. Por ejemplo, ¿prefieres que vayan a tu tienda, te llamen por teléfono o que te envíen un formulario de la web? Sea cual sea tu respuesta, has encontrado la meta.

Con esta respuesta en mente, traza **el recorrido** que querrías que hiciese cada persona que visitase ese canal. Piensa en la más efectiva para ti pero sin olvidar sus necesidades. Es momento de integrar los canales que has definido antes en un único gráfico: ¿cómo se relacionan con el canal principal? ¿Qué enlaces hay entre ellos? ¿Hay vínculos con el destino que has elegido? La analítica web puede ayudarte a identificar rutas de navegación. Puedes usar un color para cada canal y así crear una especie de **mapa mental** de todos ellos.

Ser descubiertos para darnos a conocer

Las empresas pequeñas están muy preocupadas por lograr que alguien entre en su tienda, visite su web o les siga en redes sociales. En cambio, las empresas grandes parece que se preocupan poco por los clientes que ya tienen.

Sin tener en cuenta su edad, el objetivo más habitual de las empresas es **llamar la atención de personas que aún no les conocen.**

Pero como aún **son desconocidos**, cuesta acercarse a ellos sin parecer que les acosamos. Tenemos varios **medios para dar a conocer nuestros contenidos** y que lleguen así a los usuarios:

- Los **propios** (owned) se basan en la **optimización** del contenido: web y blog principalmente, aunque cualquier cosa que se publique en una red social también se puede considerar contenido propio.

- Los **pagados** (paid) no existen sin una mínima **inversión** porque, básicamente, son piezas publicitarias. Las redes sociales han llevado a que cualquier contenido pueda promocionarse por lo que no solo hay que considerar un banner o un spot como pieza, también una actualización social puede serlo.

- Los **ganados** (earned) dependen de la **dinamización** del contenido: la interacción del usuario con un contenido propio o pagado provoca que sus contactos lo vean. La empresa no paga por ello ni controla el afecto o sentimiento de la recomendación (positivo, negativo o neutro).

En este nivel, el presupuesto sigue limitado por lo que vamos a dejar como último recurso la publicidad y utilizaremos las **opciones gratuitas de los medios sociales y los buscadores** para daremos a conocer. Estos canales también pueden utilizarse publicitariamente y pagar anuncios de AdWords, en Instagram, Facebook, Twitter… pero ese tema se escapa de la estrategia de contenidos.

De desconocidos a leads

Recuperemos el funnel para comprender bien el objetivo que perseguimos en este momento. En el TOFU, **la atención del usuario** es el agua. Sí, el agua para calmar la sed de conocimiento de tus potenciales compradores, para aliviar su pena o para ayudarles a digerir tus mensajes comerciales, ése es el contenido que has de generar.

En este momento, el objetivo es **conseguir la mayor visibilidad posible para lograr que se reconozca tu marca.** Eso sí, sin olvidar que si la atención no se transforma en interés por lo que puedas ofrecerle, el usuario se quedará flotando en la parte superior del embudo y nunca llegará al final. A diferencia del agua, los usuarios no son livianos.

Además de cualquier sección web o categoría del blog, hay muchos **formatos** que pueden resultar atractivos a desconocidos con los que (de momento y hasta que te conozcan un poco más) solo compartes con ellos el interés por el sector. Apunta la siguiente lista en tu cuaderno y empieza a pensar los temas que tratarías en cada caso:

- **Guías/How-to/DIY** 'fáciles': ¿hay algo que puedas explicar a modo de tutorial?

- **ebooks/whitepapers** 'sencillos': ¿qué documento en PDF querrían descargarse tus usuarios?

- **Vídeos** 'cortos': ¿algún aprendizaje interesante que contar?

- **Webinars** 'cortos': ¿podrías 'dar una clase' de algo?

- **Infografías** 'sencillas': ¿qué datos tienes para hacer una?

- **Plantillas** 'fáciles': ¿hay alguna característica de tu producto o servicio que pueda automatizarse?

Fíjate en que los formatos están etiquetados con el nivel de profundidad al que es conveniente desarrollarlos: no es necesario que crees contenidos complejos o para usuarios con conocimientos técnicos o avanzados. Se trata de **llamar la atención por la vía informativa** sobre lo que compartes con ellos. También puedes recurrir al entretenimiento en busca de algo viral, pero la química necesaria es más compleja de lo que parece así que, junto con la educación, lo dejamos para más tarde.

En general, conseguirás hacer visibles tus contenidos al perfil ideal si son llamativos. ¿Cómo lograrlos así? Aquí es donde la **creatividad** marca la diferencia porque hay un gran volumen de contenidos ahí fuera y es necesario destacar de alguna manera. Creativo es algo interesante por diferente, atractivo por innovador, llamativo por imaginativo… Y, la buena noticia, es que no es necesario un gran presupuesto… 'solo' buenas ideas y el valor de llevarlas a cabo.

Independientemente del formato, la **parte visual influye** en cuán llamativo es un contenido. Pero aunque al leer 'visual' seguramente has pensado en diseño, en infografías o quizá incluso en vídeos, también el titular de un artículo o el asunto de una newsletter han de resultar interesantes y llamar la atención antes de ver su diseño o la forma en que están programados. Por la vista entran tanto el texto como las imágenes, lo que importan son los mensajes que tanto lo textual como lo visual quieren transmitir. La mezcla de ambas formas de darlos a conocer es la que mejor resultado puede darte.

A la hora de generar estos contenidos atractivos para los desconocidos que quieres convertir en leads, no has de olvidar **el proceso** que estamos siguiendo hasta ahora: primero pensamos el mensaje, luego le damos formato y, ahora, optimizamos los contenidos y los distribuimos entre nuestra comunidad.

Buscadores

Vayamos al grano: ¿quieres que te encuentren en Google ya mismo? Date de alta en AdWords y lo conseguirás en pocas horas. ¿Quieres una posición que dure un poco más que tu presupuesto diario? Entonces te conviene saber unas cuantas cosas sobre SEO. La primera y más importante es que hay muchos factores que hacen que una página salga delante de otra. Los más conocidos dependen de las **palabras clave (keywords) del contenido** y por eso, en colaboración con el responsable de la estrategia SEO, el content strategist trabaja esa lista.

Hay que tener en cuenta que cada profesional tiene su propio punto de partida. Para el contenido, la línea editorial es la que determina los mensajes y por extensión las palabras a utilizar. En cambio, para los buscadores se tienen en cuenta los volúmenes de búsquedas que se realizan con cada palabra para saber cuál utilizar. Por eso, algunas veces haya un conflicto entre primar la optimización o los mensajes.

Antes de crear tu lista de keywords, la segunda cosa más importante del SEO que has de saber es que tu situación en el ranking **no depende únicamente de los esfuerzos que hagas tú para optimizar tus contenidos.** Así que, siento ser yo quien te lo diga, pero en el posicionamiento orgánico no hay garantías de nada.

Aclarado esto, saca tu cuaderno porque vamos a preparar **la lista de palabras** que debes usar para posicionarte. Primero, piensa en las palabras que te definen dentro de tu sector. Después, recurre a tus productos o servicios para concretar y no uses una única palabra si no una expresión.

Para que esta lista sea real, revísala teniendo en cuenta las palabras que tus clientes utilizarían en la caja de búsqueda. Es posible que no sean las mismas, recuerda el estilo comunicativo que has marcado para acercarte a ellos: cada palabra cuenta.

Herramientas como Google Keyword Planner y Bing Keyword Research o Übersuggest pueden ayudarte (hay muchísimas alternativas). El resultado ha de ser la respuesta a **cómo querrías que te encontrasen**, es decir, qué palabras o expresiones utilizan tus clientes.

Ya te advertí que este no es un libro de SEO pero, al menos, te has quitado ya la espina de la parte más importante del SEO. Ahora, déjame darte mi opinión personal sobre la guerra de posiciones en Google. Sí, casi es una guerra porque parece que cada revisión o actualización de **su algoritmo revoluciona los resultados.**

Ocurre también algo parecido en algunas webs: cada cierto tiempo 'hay que' cambiar el diseño para que parezca que se actualizan… aunque el texto siga siendo el mismo. Cambios por fuera pero no por dentro solo porque las empresas siguen teniendo que **mostrar su actividad** de alguna manera. Es lógico que también lo hagan los buscadores.

Google hace estos cambios para **asegurar que los resultados que obtiene el usuario al buscar son los mejores.** Lo que en lenguaje de la calle viene a ser que quiere que sigamos buscando para poder seguir ofreciendo tráfico a los anunciantes. O servicios a las empresas basados en nuestro rastro.

Así que tenemos un montón de literatura sobre cómo han de ser nuestros textos para estar bien posicionados pero te los puedo resumir en lo que realmente importa del SEO: **escribir un buen contenido.** Llámalo de calidad o de valor, que atraiga tráfico o menciones sociales… lo que sea que quiera tu usuario y tú como empresa.

Los buenos contenidos no cambian **aunque cambie el algoritmo de Google** porque siguen siendo buenos a ojos del usuario. Esta afirmación tan sencilla me trae muchos problemas en clase porque hay quien cree que de nada sirve tener un buen contenido si no se encuentra en buscadores. Es una forma de verlo, pero no la única.

Los buscadores aportan tráfico, en algunas empresas mucho tráfico. Sí, se puede vivir solo de ello pero a una empresa que empieza, sin casi contenido, le **va a costar mucho posicionarse**. ¿Por qué limitarse a solo un canal para atraer usuarios? Hay vida más allá de Google, hay otras maneras de aumentar las visitas de una web como pueden ser los medios sociales o el correo electrónico.

Redacción y SEO

El SEO es algo matemático (¡Google y su algoritmo!) que implica muchas otras cosas que no solo dónde se ponen las palabras clave. En cambio, **la redacción es algo creativo**. A los redactores más creativos, la parte SEO no les gusta porque distorsiona su trabajo; a los SEO, la parte creativa les cuesta porque están acostumbrados a ceñirse a combinaciones de palabras con una perspectiva numérica y no literaria. La mezcla de esas dos cosas puede ser armoniosa o un desastre, eso sí es una batalla constante y no los cambios de Google.

Una forma de trabajar es utilizar las palabras clave para crear los contenidos desde cero basándose solo en ellas como inspiración de los mensajes que son importantes destacar. Y la otra es crear los contenidos en canales propios (owned) siguiendo los criterios de estilo de la estrategia y después optimizarlos para que gusten a Google. Es necesario que estos dos aspectos se lleven bien pero habrá días (o más bien contenidos) en los que ganará uno u el otro. Ahí está el éxito de la estrategia, saber combinar los elementos.

De los muchos factores que Google tiene en cuenta para posicionar una página delante de otra, el redactor controla solo una pequeña parte. Puede supervisar hasta cierto punto la parte conocida como **SEO on page**, es decir, la optimización que se hace dentro de la propia web. Aquí hay que tener en cuenta cuestiones como la situación de las palabras clave (titulares, etiquetas, imágenes…), la extensión del artículo o la densidad (las veces que se menciona una palabra y variantes en todo el texto).

También cuentan **elementos técnicos** como el tiempo de carga de la página, la versión móvil o incluso características de su dominio como la edad del registro. Y el perfil de redactor suele estar alejado de quien controla la configuración de la web así que difícilmente llegue a influir en ello.

Pero no solo del on page se compone el algoritmo de Google: muy pocas veces, por no decir ninguna, el redactor en encarga de qué ocurre con el **SEO off page**. Conseguir páginas que enlacen a la propia es la base de este tipo de optimización. Puede decirse que un texto se comparte y se da a conocer de manera orgánica si los lectores lo consideran bueno (link baiting).

Para incentivar los enlaces entrantes de calidad se redactan artículos expresamente (link building), por ejemplo como blogger invitado (guest posts).

Content curation y SEO

Como ya vimos en el nivel anterior, uno de los pasos para hacer content curation es encontrar otras webs que traten temas afines a los nuestros, por eso algunas veces se mezclan estos conceptos. Filtrar contenido no es buscarnos a nosotros mismos, al contrario, es buscar y compartir contenidos de otras personas. Así que al curator lo que importa es **cómo los demás se posicionan en buscadores** porque eso le sirve para encontrar el mejor contenido.

Quizá la confusión también viene al explicar que **uno de los beneficios de la curación es el posicionamiento**. Esta palabra está tan relacionada con buscadores que para algunos puede resultar difícil no ver más allá: las marcas también se posicionan en la mente del usuario y en el mercado.

Así que ¡menos SEO y más branding! Ésta podría ser la consigna para recordar que primero hace falta una marca fuerte y después ya vendrán las estrategias para darla a conocer.

Conseguir tráfico es una de ellas y está claro que el SEO es un factor determinante pero, en una hipotética búsqueda en Google, es más fácil que **aparezca antes la fuente original** que alguno de nuestros enlaces curados y publicados en redes sociales (los lugares donde mayoritariamente se hace la curación).

Una alternativa es utilizar el contenido curado en canales propios como la web o el blog. Sin llegar a replicarlo todo puesto que eso se consideraría **contenido duplicado** y entonces sería una clara desventaja de cara a Google, pueden crearse posts propios con enlaces a contenidos de terceros. ¡Bingo! Con esa práctica sí que conseguiríamos contenido en nuestros canales (repito, convenientemente enlazado). Eso nos daría tanto posicionamiento en buscadores como de marca, así como tráfico.

Por último, la agregación es otra forma de utilizar los contenidos de otros para lograr un cierto tráfico a nuestra web. La diferencia es que no viene por buscadores si no por las suscripciones directas (newsletters de tipo clipping) o la promoción social que podamos hacer a esas páginas (tuits y actualizaciones enlazadas a la web corporativa). Por ejemplo, agregadores como Paper.li muestran, en base a una serie de palabras clave, unos contenidos elegidos por sus propios algoritmos.

Está claro que la relación entre SEO y contenidos es muy importante y hay quien afirma que el marketing de contenidos es el nuevo SEO… pero no significa que todos los contenidos incidan en nuestro lugar en Google.

Recomendaciones

Las recomendaciones son una forma básica (y barata) de darnos a conocer. Nos ayudan a ganar gratuitamente espacios en los canales de las personas que comparten nuestros contenidos (medios earned) y con ellos llamar la atención de sus contactos hacia nosotros. Hubo un tiempo en que el formulario de 'enviar a un amigo' era la única opción de lograrlo pero ahora podemos compartir cualquier cosa en decenas de redes sociales. 2 clicks, 2 segundos y lo ven 'centenares' de amigos.

Lograr esos clicks es lo que persiguen muchas marcas y hay varias formas de responder a la pregunta de **qué nos lleva a compartir un contenido**.

Empecemos por **el género**: hombres y mujeres no siguen los mismos criterios a la hora de decidir que algo merece la pena ser compartido.

Según el informe 'What Makes Content Shareable in 2015'[11]:

- Las mujeres valoramos más el contenido **útil** porque nos hace parecer más inteligentes delante de nuestros contactos.

- Los hombres prefieren que les vean como **divertidos**, así que parece ser que no compartimos el mismo tipo de contenido.

Otro dato igual de interesante del mismo estudio es **la edad**:

- Entre 18-24 años prefieren contenido **divertido.**

- A partir de 35 se comparte para **contar una historia.**

Así que, a la hora de crear un contenido, tenemos que valorar cuál es la motivación que podría tener el usuario para querer compartirlo.

El estudio 'The Psychology of Sharing: Why People Share Online' publicado por The New York Times da **5 motivos** por lo que decidimos compartir algo[12]:

- Para **ofrecer valor** a otros: el 94% piensa en el receptor del contenido.

- Para **definirnos** frente a otros: el 68% comparte para explicar qué nos importa.

- Para **relacionarnos** con otros: el 73% quiere conectar con quien comparte intereses.

- Por **realización personal**: el 69% busca sentirse más conectado con el mundo.

- Para **extender la voz** sobre una causa: el 84% comparte para ayudar a causas que le preocupan.

Como ves, todos tienen que ver con las relaciones porque, en fin, el ser humano es social por naturaleza.

---

[11] Puedes verlo en este post https://contently.com/strategist/2015/09/14/the-state-of-social-media-content-in-12-charts/

[12] Puedes descargarlo desde http://nytmarketing.whsites.net/mediakit/pos/ o ver el resumen con ejemplos y una infografía en CoSchedule http://coschedule.com/blog/why-people-share/

Este factor es el que encabeza las siglas STEPPS que propuso Jonah Berger para definir un **contenido contagioso**[13]. Te propongo que respondas a las siguientes preguntas para descubrir tu contenido compartible:

- Social currency (moneda social): ¿qué **imagen** tendrá la gente que hable de tu contenido?

- Triggers (activadores): ¿qué **estímulos** puedes darles para que compartan?

- Emotions: ¿qué **provocan** tus contenidos en el usuario?

- Public: ¿cómo puedes hacer llegar al usuario el contenido?

- Practical value: ¿tu contenido es **útil**? ¿Ayuda a alguien?

- Stories: ¿qué **historia** le pides que comparta? ¿Hay aprendizaje?

De contagioso a viral hay un paso y la fórmula de la viralidad tan buscada por muchos tiene demasiados componentes como para lograr siempre el éxito.

Formatos sociales

Va a sonar redundante pero **el contenido visual da visibilidad.** Las estadísticas dicen que se comparte más el contenido gráfico que el textual. Además, aunque me pese como redactora, la imagen tiene otros beneficios sobre el texto como:

- **Se recuerda más fácilmente**: pasados unos días, ¿recuerdas una frase o una imagen? Si el titular no es muy llamativo, seguramente la fotografía que lo acompaña.

- **Permite expresar conceptos de manera simple**: sí, algunas imágenes valen más que 1000 palabras, sobre todo cuando se trata de indicaciones o la explicación de un proceso complejo (manuales de instrucciones como los de Ikea son un buen ejemplo). Y si se trata de un vídeo puede

---

[13] Detalles en http://jonahberger.com/resources/ y Cristina Aced lo resume en http://cristinaaced.com/blog/2015/12/18/stepps-contenido-contagioso/

resultar aún más claro porque lo demuestra en directo.

- **Llama más la atención cuando se mezcla con mucho texto**: en tu timeline de Twitter o newsfeed de Facebook, ¿dónde miras con mayor frecuencia? Exacto, en las miniaturas de los enlaces o las fotografías que tus contactos han compartido.

Está claro que no podemos dejar pasar la oportunidad de crear contenido visual para buscar esas recomendaciones tan apreciadas. Eso por nuestra parte pero el propio usuario también puede contribuir con sus actualizaciones a aumentar nuestra biblioteca de imágenes (en el nivel avanzado profundizaremos sobre esta idea). Por ejemplo, un porcentaje muy alto de pins son de usuarios que recomiendan productos que han comprado o incluso bloggers de moda que crean sus outfits en Instagram. Se puede fomentar este tipo de contenido generado por el usuario (**UGC**) mediante concursos en redes sociales o simplemente mantenerse a la escucha y retuitearlos cuando los encontremos.

Sería un error pensar que las imágenes solo sirven para redes sociales visuales (Pinterest, Instagram, Flickr) porque también están muy presentes en las generalistas (Facebook, Twitter). Hay diferentes **formatos** que encajan dentro de la categoría de contenido visual:

- **Fotografías** de portada en las redes sociales: son tan importantes como la página principal de tu web. Intenta ser coherente en todas ellas.

- **Ilustraciones** de artículos: hay datos que indican que incluir varias imágenes mezcladas con bloques de texto ayuda a que se comparta más veces.

- **Imágenes** de promociones, ofertas o explicación de productos: no pienses solo en banners cuando hagas alguna promoción. Cualquier actualización social puede convertirse después en un anuncio (pagado o de tipo earned) así que conviene cuidarlo igual.

- **Citas y frases** acompañadas de imágenes atractivas: son muy sencillas de hacer con Canva o PromoRepublic.

- **Gifs y animaciones** extraídas de vídeos o creadas expresamente: los gifs animados eran una cosa del pasado pero los memes que se crean usando la misma idea están muy presentes en artículos y redes.

- **Vídeos** en todas sus variantes: cortos en Instagram o Tik Tok, largos en YouTube o Vimeo.

- **Capturas** de pantalla y screencasts: si tu negocio es online, software o tienes alguna app, pueden ser maneras de explicar mejor cómo funcionan.

- **Infografías** con datos: hacen mucho más digerible la información por resumirla gráficamente. Para crearla, recuerda que contar una historia es más interesante que simplemente exponer los datos.

Las fotos de stock son un punto de partida fácil pero no conviene abusar porque algunas no aportan nada de tan utilizadas que están. Si quieres crearlas por ti mismo, ya sea con fotografías o ilustraciones, conviene que mantengas el mismo estilo en todas. Por ejemplo: colores, tipografía, situación del texto, espacios en blanco… han de ser fácilmente asociados a tu marca. Un **manual de identidad corporativa** es muy útil para estas situaciones.

No es necesario ser un gran diseñador para crear tu contenido visual: igual que para hacer la web, puedes hacerlos por tu cuenta (incluso gratuitamente) utilizando alguna de las herramientas que hay a tu disposición.

Eso sí, como veremos al hablar de externalizar, algunas veces es mejor confiar en un profesional acostumbrado a los problemas que puedan surgir.

Cualquiera de esos contenidos visuales pueden lograr **cierta repercusión por si mismos**: infografías y vídeos pueden conseguir cierta viralidad.

Pero también, al igual que cualquier otro contenido de texto como ebooks o artículos de cierta relevancia, pueden darse a conocer de manera más específica a través de relaciones públicas y creando un calendario de difusión como veremos en el siguiente nivel más avanzado.

Ser valorados para posicionar la marca

Después del esfuerzo que has hecho para lograr que el usuario llegue a tus contenidos, ¡menudo desperdicio si se lleva una imagen equivocada de quién eres! El tipo de mensajes, el diseño, su experiencia previa… son varios los factores que influyen en **cómo se perciben las marcas.** En un momento, y son solo unos segundos, decide si quedarse en una web o no. Tu **reputación** afectará en esa conclusión y tendrás que ganarte su **confianza** si quieres que siga avanzando hacia la compra final.

El problema de muchas empresas es que se olvidan de esta fase y solo se preocupan de vender sin darse cuenta de que **cuanto más convencidos** lleguen a la tienda o al botón de compra si es un ecommerce, más opciones se tienen de lograr la conversión. Así que, aunque creas que lo que quieres es que te compren, no olvides que el usuario tiene primero que tener clara tu propuesta de valor. Y los contenidos juegan un papel muy importante en **tu posicionamiento.**

De leads a prospects

Aunque cada negocio funciona de manera diferente, el funnel puede ayudarte a visualizar cómo evolucionan tus clientes. Una vez los usuarios han entrado en el embudo, llevarlos hacia la parte inferior depende de lo que ocurra en la **parte central** (MOFU).

Antes solo los habías atraído (un trabajo relativamente fácil, sobre todo si pagas por ello), ahora tu contenido tiene que demostrar que mereces su **confianza** y que se tienen que quedar contigo, recordar tu marca. Les ha de ayudar a dar un paso significativo hacia tu marca: **tomarla en consideración.** Esto no se consigue con dinero, entran en juego **cuestiones más psicológicas.**

Algunos usuarios se quedarán flotando en la parte superior del funnel pero es trabajo de tus contenidos llevarlos hacia el siguiente paso y darles lo que necesitan para que ellos también te den lo que necesitas: **sus datos.** Por ejemplo, imagínate un restaurante con un menú diario fijo que se anuncia en su web y redes sociales. Pero, ¿y si además enviase por correo electrónico el menú de fin de semana o fiestas especiales a quienes son sus mejores clientes?

En el **MOFU** no hay que pensar en visitantes o usuarios de una forma tan general como en el TOFU. Aquí es más adecuado llamarlos **leads** porque sabrás más cosas de ellos: habrán realizado alguna acción gracias a la cual les ha identificado con información útil para tu futura acción comercial (en el caso del restaurante, por ejemplo, con una encuesta de satisfacción que recoge sus datos). Por eso el contenido se vuelve más especializado, menos accesible para todo el mundo.

Cuando el objetivo es atraer y ganar visibilidad, generar contenido de valor y distribuirlo gratuitamente es una buena táctica. Pero cuando el objetivo es empezar a **distinguir a los posibles clientes de esa masa de visitantes anónimos**, es necesario poner algunas barreras más o menos altas para ir captando a tus leads de mayor calidad. De hecho, al tipo de contenidos que consiguen que el usuario facilite los datos a la empresa se les llama lead magnet.

Hay diversas **formas de limitar el acceso al contenido:** desde utilizar un formulario para que introduzcan sus datos (vía una página específica o landing page) a tener que registrarse en una web o una newsletter, pasando por realizar una compra social (descargas a cambio de un tuit u otra ayuda a ganar visibilidad entre los contactos de los usuarios).

Una vez realizada la acción de **esfuerzo moderado** y conseguidos los datos que querías recolectar, el lead consigue un contenido más trabajado que el que antes podría consultar libremente. Siempre sin engañar y sabiendo gestionar las expectativas: debe haber una correspondencia entre los datos que se le piden y lo que obtendrá.

Podría decirse que se pasa de lo gratuito a lo premium: los dos tipos de contenidos son buenos, pero el segundo es aún mejor por ser más completo o detallado. Ahora el contenido es más de valor que antes, está más trabajado porque ha de provocar que **el usuario comparta alguna información personal con tu empresa**.

Se ha generar un **deseo** por el contenido lo suficiente potente como para dar su nombre y su mail pero quizá también edad, ciudad o profesión. Aunque hay registros vía redes sociales que se realizan con un click, puede haber reticencia a compartir ciertos datos. Cuida bien la política de privacidad y no pidas datos que no vas a utilizar.

Hay diferentes **formatos** que puedes utilizar para lograr que el usuario te facilite sus datos. Igual que en la etapa anterior, web y blog pueden utilizarse para conseguir nuevos suscriptores para tu base de datos.

Una forma sencilla de crear el contenido gratuito y después convertirlo en generador de leads es el tamaño: vídeos de mayor duración, artículos de más palabras, ebooks más largos… El éxito de esta táctica es saber contar lo justo en la versión abierta para llevar al siguiente paso a los usuarios. Algunas posibilidades:

- **Mini curso** por correo electrónico para formar poco a poco sobre procesos (herramientas como MailChimp permiten hacerlo de manera muy sencilla).

- **ebooks/whitepapers** 'complejos': ya no solo se trata de hacer divulgación, también puedes explicar metodologías prácticas o datos que necesitan comentarios más amplios.

- **Webinars** 'profesionales': si identificas un tema interesante que no dependa de la actualidad, además, puedes ofrecer la grabación de la sesión a posteriori.

- **Vídeos** 'largos': la duración en esta fase puede ser más larga, por ejemplo grabaciones de charlas de 1h en un evento o incluso un curso online basado en vídeo.

Como ves, se trata de dar mayor profundidad a los contenidos abiertos que antes eran sencillos y cortos. Crear estos contenidos obliga a dedicar **más recursos** porque llevan más tiempo de desarrollar, pero cumplen con su función así que a la larga son rentables.

Otra forma de enfocar este tipo de contenido es considerarlo como un complemento de nivel superior (**content upgrade**). Por ejemplo, después de haber leído la primera parte de un post largo (en abierto), se incluye un botón para descargarlo en PDF (a cambio del correo). Puede ser simplemente la versión extendida, la combinación con una segunda parte o un añadido como un resumen en formato checklist. También puedes enfocarlo al revés si lo piensas como un elemento promocional: un apartado del PDF lo utilizas como post y añades la opción de descargar el contenido completo al final.

Los complementos pueden enfocarse por la vía práctica (es más fácil archivar un PDF) pero también por la educativa (sería un pensamiento similar a 'me llevo más información útil y solo tengo que darles mi mail'). En ambos casos, la reputación juega un papel básico porque algunas veces las empresas han hecho un mal uso de nuestros datos y por eso no queremos compartirlos 'con cualquiera'.

Reputación

Todas las respuestas que has contestado en lo que llevamos de libro han servido, espero, para aclarar tus dudas pero también para empezar a definir **quién eres con tus propias palabras**. Esto solo es una parte de tu reputación, la otra depende de cómo el usuario percibe tus mensajes, es decir, de cómo interprete lo que le explicas. En tu reputación influye todo lo que rodea tu marca, las experiencias que tiene el usuario con tus contenidos pero también lo que le cuentan sus contactos, lo que ve en las noticias… y no necesariamente es la misma que tú crees proyectar.

Para que valoren tu empresa, esa imagen ha de ser lo más cercana posible a lo que tú quieres. Es muy típico en marca personal que eso de 'quién eres' se conteste con una frase que empieza con un título o un 'soy experto en…' pero también se puede aplicar a marcas corporativas porque no tiene que ver con estudios o cargos. Piensa en **valores** que acompañarían a esa frase y quizá te sea más fácil verlo para tu empresa.

Tan importante es lo positivo como lo negativo, en este caso, **lo que no eres**. Una manera muy sencilla de saberlo es ver **qué hace tu competencia**: ¿sois tan parecidos que harías lo mismo que ellos? ¿Qué decisiones no compartís? Reflexiona sobre ello, es importante.

Cuando se habla de **posicionamiento de marca** pueden usarse atributos como precio, calidad, profesional, exclusividad, cercanía, tradicional, moderno, divertido, joven, ecológico, social... Por un lado, se tendrían que definir los **beneficios funcionales** (según el producto) y por otro los **emocionales** (estatus, aspiración). Saca el cuaderno y haz una lista con tus atributos. Es similar a lo que vimos en el apartado de copywriting: no solo hay que pensar en características, también en las ventajas que percibe el usuario.

Ahora vamos a graficar esa lista: haz una cruz grande en una página nueva. Usemos los **ejes de calidad y precio**: en el vertical indica de más a menos caro (arriba y abajo respectivamente) y en el horizontal de menos a más calidad (de izquierda a derecha). ¿Dónde te pondrías tú y dónde crees que se situaría el resto de empresas de tu sector? Es una percepción tuya pero, ¿cuál es tu relación con el líder?

Estos son unos primeros pasos básicos para definir tu posicionamiento, hay otras muchas preguntas a tener en cuenta (incluidas las que se pueden hacer a los propios usuarios). Pero para esta fase es suficiente con ese sencillo esbozo: lo usaremos para concretar **la línea editorial que defina tu personalidad**.

Ahora piensa en los contenidos, ¿qué esperarías que publicase una empresa con los productos más caros de tu sector? Dejando a un lado el valor percibido, ¿crees que publicaría lo mismo que una marca que asocias con precio bajo? Seguramente no es lo esperado pero ten en cuenta que quizá la segunda quiera mejorar su reputación y así no parecer demasiado low cost.

Un **mapa de posicionamiento** puede basarse en cualquier atributo de los que has identificado anteriormente. Piensa en ellos y ponles porcentajes o simplemente dales un orden de prioridades. Selecciona los dos atributos más significativos, ponlos en dos ejes y añade a las empresas que te rodean. Si quieres compararte con alguna marca en concreto, puedes usar un gráfico radial y situar más de dos atributos.

Además, te sugiero que hagas este mapa por partida triple: lo que tú crees, lo que creen tus trabajadores y lo que creen tus clientes. ¡Quizá te llevas una sorpresa!

Crisis de reputación

Ya ves que la reputación es un objetivo clarísimo de los contenidos pero, ¿se pueden usar en una **crisis de reputación**? La respuesta es sí, los contenidos te ayudarán pero mejor si antes lo tienes todo planificado porque, en ese momento de pánico, no se piensa en atender a las inquietudes del usuario, más bien todo lo contrario porque la prioridad es no perjudicar las ventas de la empresa.

Hay quien considera que a ellos nos les puede pasar nada malo y otras que ven cada actualización como un posible foco de problemas.

En ambos casos y todos los intermedios, conviene preparar **un documento anexo a tu estrategia**, uno específico que cubra todos los flancos aunque sea en casos hipotéticos.

Apunta el esbozo de plan de crisis en tu cuaderno siguiendo el mismo índice que para hacer el plan, es decir, fíjate en puntos como los siguientes:

1. El **objetivo** puede ser corregir la imagen que nuestro público tenga de nosotros porque hemos tenido una crisis de reputación. Tendremos que valorar cuánto nos hemos distanciado o cuánto se ha perdido para volver al lugar en el que estábamos.

2. El **público objetivo** puede ser la parte de audiencia que ha dañado nuestra imagen o nuestra audiencia habitual, según dónde queramos poner énfasis. En cualquier caso será necesario identificar qué etapa del funnel ha sido la más perjudicada: ¿público en general y desconocidos o clientes disgustados?

3. La **línea editorial** debería focalizarse principalmente en reforzar los mensajes corporativos dañados pero también habrá que generar nuevos contenidos para relacionarse con nuevos públicos. Además, conviene tener guardados una serie de mensajes preparados para aquellos supuestos que potencialmente podrían ser perjudiciales.

4. Los **canales** en los que publicar estos contenidos pueden variar en cada caso pero es necesario incidir en aquellos que tengan más peso en buscadores y en los que puedan haber sido el foco de la crisis. Además, conviene tener una lista de personas que nos pueden ayudar escribiendo contenidos en sus propios canales sobre nosotros como pueden ser influencers o periodistas (no necesariamente notas de prensa pero sí opiniones personales que sepamos vayan a ser positivas por la relación previa con ellos).

5. En el **calendario editorial** se dedicará más esfuerzo a los contenidos corporativos creados o reforzados para mitigar la crisis. La recomendación de terceros debe servir para apoyar nuestros mensajes. Y, aunque se dedique más tiempo a los contenidos y se persiga solucionar un problema inminente, no debe perderse de vista el largo plazo.

Éste podría ser el esqueleto de una estrategia de contenidos orientada a solventar una crisis online. Se suele recomendar tener siempre preparado un plan de este tipo para poder reaccionar más rápidamente llegado el momento. Tener **una estrategia no se puede improvisar**, es algo que tan importante dentro de tu empresa que merece la pena dedicarle recursos.

Confianza

Puedes tener en tu web información sobre los clientes que has tenido, casos de estudio para explicar cómo les has ayudado o testimoniales con alabanzas en sus propias palabras pero, ¿los usuarios se creerán lo que les digas o les expliquen otras personas de tu trabajo? Quizá sí porque les conocen y extienden la credibilidad de sus contactos a tu empresa. Pero si quieren saber más y piden más información, ¿qué dirán de ti? ¿Y si utilizan buscadores? Internet, aunque esté hecha por millones de páginas y convivimos con opiniones de terceros que **contribuyen a posicionarnos**.

El usuario se encuentra rodeado de contenidos y el tuyo tiene que destacar de alguna manera. Has de crearte un nombre que se reconozca entre los resultados. Tus contenidos te definen o, como dice David Meermat Scott, **eres lo que publicas**. Por eso tu línea editorial ha de estar bien definida porque si le impactas con un mensaje coherente de manera frecuente, reconocerá tu nombre aunque no estés en la primera posición de Google.

Para que te tenga en consideración y valore de manera positiva, tienes que demostrarle que mereces su confianza: has que ganártela con cada publicación que hagas, en el día a día. La vía que utiliza el marketing de contenidos es ayudarle o, en otras palabras, la formación. Compartiendo tu conocimiento y experiencia les acompañas en la toma de decisiones. Igual que en el cole.

Recuerda por un momento a tu profesor favorito, ¿por qué dejó esa huella en ti? Hay muchos motivos detrás de ese buen recuerdo pero seguramente **lo guardas en la memoria por ayudarte** a crecer como persona.

Enfocando los contenidos a una visión educativa, podrás conseguir algo similar porque también ayudas en su día a día a las personas a desarrollarse, aunque sea en su vertiente profesional. Si te ganas su confianza con contenidos útiles, le ayudas a conocer tu producto/servicio, empresa o sector en general y le das trucos o consejos, estarás dejando **una huella más o menos profunda en él**, según cuánto le ayudes. Por ejemplo, si es a salir de un mal paso te recordará más que si es una ayudita banal.

Educándoles lograrás su reconocimiento, su confianza y te recordarán como una fuente útil, un lugar/una persona a la que hay que tener cerca para acudir en caso de duda y de necesidad de compra. Por eso te dará sus datos, porque confiará en que en el futuro seguirás ayudándole.

Educar a clientes

Lo primero que suele venir a la cabeza de mis alumnos cuando les hago pensar en **educar o inspirar** a sus clientes es hacerlo sobre su propio producto y negocio. Para explicar qué hacemos, tendemos a recurrir a una frase orientada a ventas (alguna versión más o menos larga del elevator pitch) pero no suele ser 'muy educativa'.

La forma más fácil de responder a esta pregunta es imaginarte que se lo estás **explicado a tu cliente ideal**. Pero, ¿qué tal si lo hacemos un poco más complicado? Ahora trata de explicar qué le dices a un niño que no te hace caso porque le interesa más otra cosa o quizá también a una amable viejecita que te presta toda su atención pero vive en otro siglo.

¿Te animas a intentarlo? Escribe en tu cuaderno las respuestas para cada uno de estos perfiles.

Si consigues explicar claramente quién eres y qué haces en el mercado o cuál es tu posicionamiento, tu audiencia comprenderá todo el sector, no solo tu empresa.

Si tomas la idea de mostrar **cómo trabajas** en sentido amplio implicaría que educar es:

- Iniciar al usuario en tus **valores**

- Enseñar mediante **tutoriales**

- Explicar **buenas prácticas**

- Ilustrar con **ejemplos**

- Guiarle durante el **proceso de compra**

Estas son algunas maneras de educar a tus usuarios y futuros clientes, ahora solo has de pensar en la forma que usarás: texto, infografías, vídeos… cualquiera sirve porque se trata de **divulgar** igual que has hecho antes cuando buscabas visibilidad. Es muy sencillo: trata de completar las frases anteriores para encontrar tu contenido educativo.

Ahora bien, si lo que quieres es que te valoren lo suficiente para que te den sus datos, hay otros **formatos** que se prestan mejor a ello. Presentaciones, ebooks o white papers son más extensos que un artículo y permiten más detalle para guiar al usuario. Los webinars son otra forma de educar a cambio de la cual el usuario está más dispuesto a dejarnos su dirección de correo o información personal.

Vuelve a pensar en qué contenidos podrías hacer para **educar a tus usuarios**. Identifica el tema con las frases anteriores. Por ejemplo, piensa en una guía que puedan descargar en PDF y que sea un tutorial de algo que complemente lo que tú ofreces (no sirve un manual de tu producto). Y recuerda que se trata de **ganarte su confianza demostrando tu conocimiento** así que no elijas una temática muy alejada de quién eres.

Educar a la competencia

Con los contenidos ocurre que cuando educamos a los usuarios también lo hacemos con la competencia. O, en otras palabras, cuando pensamos que estamos ampliando mercado realmente podemos estar llamando la atención de nuestra competencia y sin querer les enseñamos a ellos también nuestros procesos internos.

Cada empresa o persona tiene una **actitud diferente ante a la competencia**: hay quien no se les acerca para que no les acusen de espionaje industrial, quien se asoma de vez en cuando para tenerlos controlados e inspirarse un poco y quien se pega tanto que podría ser una extensión suya o departamento externo.

Todos tenemos una manera de enfrentarnos a los contenidos que publican: nos gustan o no; queremos copiarlos o distanciarnos de ellos. Pero, tarde o temprano, **nos acabaremos encontrando con alguno de sus canales** y tendremos que sentir la rabia o alivio que eso da. Así que lo mismo les pasará a nuestra competencia si hacen un poquito de investigación porque también es lo que hace nuestro potencial cliente (recuerda, vendamos online o no).

Es irremediable, **educar a la competencia forma parte del juego del marketing de contenidos.** No sabemos dónde irán a parar nuestros contenidos una vez los publiquemos, si a nuestro cliente ideal o si nuestra competencia los usará también para acercarse al mismo cliente. Pero sí sabemos que si no los publicamos es imposible que en su mente se forme la imagen favorable que necesitamos para llegar a él. Por eso, **publica el contenido de manera que transmita claramente quién eres** y que no haya confusión posible aunque tu competencia se inspire en él (o lo copie).

Ser contratados para convertir a ventas

El último deseo más habitual suele ser lo primero que piensa la gente al definir sus objetivos: vender. Todos lo queremos, **directa o indirectamente**. Lo primero está claro, aunque se puede recurrir a otras estrategias no siempre relacionadas con los contenidos. Lo segundo ocurre cuando tomamos consciencia de que, antes de llegar a eso, hemos de cuidar los dos pasos previos (atracción y consideración). Recuerda que, la mayoría de las veces, comprar no es una obligación ni una urgencia para tu audiencia. Es tu tarea acompañarles hasta convencerles.

Al **cuantificar los objetivos** de ventas, es fácil pensar 'cuántos más, mejor'. Pero hay que calcularlo sabiendo tu capacidad de producción. Esto lo tenemos relativamente claro los autónomos porque toda la empresa somos nosotros y el día siempre tiene 24h… aunque vivimos con la incógnita de saber cuánto facturaremos el mes que viene y eso algunas veces nos obliga a hacer malabares con la agenda y el sueño. Productos o servicios estacionales tienen el mismo problema. Por ejemplo, una heladería solo trabaja algunos meses al año y una empresa que organiza bodas también tiene unos meses que son temporada alta.

Está claro que cada **sector y modelo de negocio** son diferentes. No es lo mismo convencer a alguien de que compre flores en un pequeño comercio (B2C) a que lo haga en una gran superficie al por mayor (B2B). Tampoco es igual buscar clientes para un bufete de abogados que para una web que utiliza un sistema de afiliación para rentabilizar su tráfico. Y nada de eso se parece a vender una ciudad para las próximas olimpíadas o a un actor para el papel de su vida.

Por eso, antes de continuar, te aclaro que en este libro hablo de contratar pensando en servicios y comprar pensando en productos ¡indistintamente! porque la mayoría de las veces se puede usar para una cosa o para la otra. Y te recuerdo que mi objetivo con este libro no es tratar todos estos supuestos, si no inspirarte a que utilices los contenidos en tu provecho viendo diversas opciones.

De prospects a clientes

El proceso de compra termina cuando el usuario llega al final del funnel, al **BOFU**. El volumen de personas que paseaban por él se ha ido reduciendo y quedan menos leads. Parece una mala noticia pero es positiva si piensas en que por el camino has ido seleccionando a los que **realmente quieren comprar**. Ya has llamado su atención y tienes su confianza… tienes que rematar la faena con contenidos que les lleven a la compra.

Hasta ahora, los contenidos no han sido abiertamente comerciales pero en esta etapa es cuando el uso de **contenido promocional** está más que justificado. Podría decirse que la profundidad de la información es inversamente proporcional a la cantidad de personas que lo van a leer: el inicio del funnel, hay mucha gente interesada en el tema pero no en la compra por lo que es suficiente con ofrecerles información básica (de calidad, pero sin gran detalle); al final, hay menos gente interesada pero sí piensan en la compra por lo que hay que relacionar el contenido con la venta.

Web, blog, newsletters y redes sociales pueden ser lugares desde donde ofrecer una **demostración, trial o cupón de descuento** para que se acaben de convencer de que tú tienes/eres la solución que querían. No han de seguir buscando, les has guiado hasta tu producto o servicio. Han de dar el siguiente paso bien convencidos de ello. Otra opción es un formato de tipo calculadora que sirve para convencer numéricamente al usuario, por ejemplo, de lo que se puede ahorrar contratándonos.

Aprovecha toda la información que han compartido contigo en la fase previa. Explota los datos que tienes y prepárales **contenidos personalizados** o pregúntales por entrevistas o consultorías personales: ellos están listos para comprar y tú tienes lo que quieren. Otro formato que se puede personalizar son los webinars, casi individuales para asegurarnos de acabar de convencerle.

El objetivo marca la conversión a medir. Si la venta es el objetivo que estabas persiguiendo, **la conversión que has de medir es a clientes**. Pero también se puede pensar en los pasos previos y pensar en la transformación del lead, es decir, que un usuario anónimo (TOFU) rellene un formulario de descarga de ebook (MOFU) también es una conversión. Con este cambio empieza la creación de una base de datos que derivará a ofertas para la conversión final (BOFU).

A estos pequeños pasos se les llama micro conversiones y son **pequeñas acciones que hace el usuario dirigiéndose hacia la meta final**. Por ejemplo: leer el blog, suscribirse a la newsletter o seguirte en Twitter serían micro conversiones mientras que comprar sería una macro conversión. Así, a medida que avanza se acerca más a la intención de compra. En sentido inverso, antes de comprar se descarga el catálogo y llega a él por un post que ha compartido un contacto suyo en Facebook.

Persuasión

Dentro de las diversas funciones que cumplen los textos web, la persuasión es seguramente la más importante para la empresa y, por tanto, para el redactor de contenidos. La mencionamos muy brevemente al explicar cómo escribir un post y en este nivel vamos a recuperar este concepto por la técnica de redacción **AIDA: Atención, Interés, Deseo y Acción.**

Fíjate que sigue los pasos del embudo: de la atención a la compra pasando por la persuasión capaz de despertar el interés y el deseo. La persuasión es lo que hace al usuario moverse y avanzar por el funnel. Y es que, sabiendo desde el principio **dónde guiar a tus clientes** y el contenido que necesitan para convencerse, es más fácil crear y redactar contenidos para conseguir una venta.

La persuasión puede estar presente en todos los canales. Por ejemplo, un tuit puede animar a los seguidores a visitar un vídeo. Eso es **pedir al usuario** que actúe.

También es muy visible en los contenidos publicitarios como banners o anuncios de AdWords porque es necesario rentabilizar la inversión y no se puede dejar al usuario que no sepa **qué hacer**. Pero lo cierto es que suele ser más importante en las páginas web porque es donde finalmente se realiza la compra, incluso cuando no seamos un ecommerce.

Daniel H. Pink explica en su libro 'Vender es humano'[14] que **todos vendemos algo,** aunque no resulte tan evidente como cuando hay una transacción económica detrás. Los ejemplos que utiliza para los que dudan de ello es la sanidad y la educación, dos sectores dentro de las ventas sin vender porque giran en torno a 'la capacidad de influir, de persuadir, de cambiar el comportamiento a la vez que se busca un equilibrio entre lo que quieren los demás y lo que tú puedes ofrecerles'.

Bajo esa premisa, Pink construye su argumentación y explica cómo vender o, usando sus palabras, **cómo convencer a la gente para que hagan algo.** Comenta la época en que acceder a la información era complejo y se producía una relación asimétrica entre comprador y vendedor.

Ahora el reto es clasificar los datos (tarea del content curator) pero ciertamente hay un equilibrio en cuanto a la información que tienen nuestros potenciales clientes porque les hemos educado.

---

[14] "Vender es humano" Daniel H. Pink, ed. Gestión 2000 (2013).

Otro capítulo interesante del libro es cuando sugiere que revelemos los problemas ocultos que solo nosotros podemos resolver porque **no es lo mismo identificar que resolver problemas**. Y este es un tema muy importante porque una de las características del marketing de contenidos es manejar los problemas del público objetivo. ¿De qué forma? Pink sugiere que sea más formulando las preguntas adecuadas que respondiendo a ellas. De esta forma, primero hay que dedicar un tiempo a analizar y conocer el problema, antes si quiera de pensar en la forma de arreglarlo. **Eliminar los frenos de compra** es una forma de persuasión que te llevarán a vender más.

Es momento de recuperar el perfil de tu público objetivo para dedicar un tiempo a identificar los problemas y la forma de **solucionarlos con tus contenidos** (también podrías haber enfocado así tu plan de empresa pero vamos a dar por hecho que sabes qué conflicto resuelve tu producto o servicio). Una parte de ello te servirá para educarles y otra para convencerles de que tú y solo tú puedes ayudarles.

Robert Cialdini en 'Influence: science and practice'[15] (y más tarde en la obra conjunta '¡Sí!'[16]) describe los 6 principios universales de la **influencia social**. De manera resumida y aplicándolos a los contenidos serían:

- **Reciprocidad**: nos sentimos obligados a devolver lo que recibimos. Si les ayudas con consejos para su trabajo, cuando quieran contratar a un profesional, ¿a quién acudirán?

- **Coherencia**: actuamos según nuestros valores. Si transmites los tuyos y coinciden con los suyos, ¿por qué no seguirte?

- **Simpatía**: diremos que sí a quien más nos guste. Si tu personalidad es afín a la suya, ¿por qué no iban a querer tus contenidos?

- **Autoridad**: nos fijamos en expertos que señalan por dónde ir. Si demuestras tu reputación, ¿quién será mejor curator para ellos que tú?

---

[15] "Influence: science and practice" Robert Cialdini, ed. Pearson Suite (2008).
[16] "¡Sí!" de Noah J. Goldstein, Steve J. Martin, Robert B. Cialdini, ed. Lid (2008).

- **Aprobación social**: nos fijamos en qué hacen los demás. Si tienes una comunidad a tu alrededor, ¿por algo será, no?

- **Escasez**: queremos más cuando menos hay. Si ofreces contenidos exclusivos a clientes fieles, ¿por qué no querrían serlo?

Todos estos principios demuestran que **persuadir tiene bastante de ciencia** porque los datos nos ayudan a saber qué es lo que mueve a la gente. Pero también es un arte, aunque le pese a Cialdini, porque, con esa información hemos de ser capaces de elegir las mejores palabras para lograrlo. Para ello podemos **jugar con la parte racional y la emocional**: argumentos con números o sentimientos compartidos.

La **empatía** es una palabra clave al hablar de marketing de contenidos. Así que primero has de ponerte en la piel de tu cliente para identificar sus problemas y después imaginar cómo querría que le explicases que solo tú los puedes solucionar. De esa manera, encontrarás la lista de temas posibles sobre los que escribir para convencer a tu cliente de que te contrate o compre tus productos. Adelante, haz la lista antes de continuar.

Acción

Si recuperas el camino que trazaste por tu canal de venta principal hasta el destino ideal, las **llamadas a la acción (Call To Action o CTA)** son lo que hacen al usuario moverse paso a paso hasta él. Como sugiere Bryan Eisenberg en 'Waiting for Your Cat to Bark?', para que la persuasión funcione, el usuario ha de tener la sensación de que progresa. Y, para la empresa, estos micro avances llevan hasta la compra.

Si tuviésemos que representar gráficamente este final del funnel o el momento de la compra, seguramente utilizaríamos un botón. De un color que destaque y con un mensaje claro, así sería **el botón ideal** porque tan importante es el diseño como el texto para lograr el click:

- **Visual**: ha de contrastar respecto al color de fondo de la página, tener suficiente espacio en blanco alrededor para que la mirada se dirija a él.

- **Textual:** ha de dejar clara la respuesta a qué va encontrarse el usuario cuando haga click. Se suelen redactar para motivar la acción con verbos activos ('consigue', 'descarga'), indicaciones temporales ('ahora', 'ya') y mostrando claramente el beneficio ('gratis', 'prueba'). El texto marca el ancho del botón así que no ha de ser demasiado largo.

Pero también **hay posibles acciones detrás de cualquier enlace**, es decir, dentro del texto y sin un botón que lo haga tan evidente. Entonces, igualmente hay que intentar que el texto enlazado (anchor text) sea descriptivo de lo que el usuario verá al clickar. 'Aquí' es una palabra muy utilizada pero no aporta nada y conviene evitarla siempre que sea posible. Por ejemplo, podemos decir 'Quiero este ebook gratis' en lugar de 'haz click aquí para descargar'.

Además, la acción puede pedirse en **cualquier canal**: desde el email para 'confirmar asistencia' al botón de una web para 'añadir al carrito' a un formulario para 'pedir más información' pasando por un tuit para 'leer más'. Una vez el usuario clicka es cuando va a la página de aterrizaje para realmente completar la acción.

Páginas de aterrizaje

Una página de aterrizaje (landing page) es casi una unidad independiente del resto de la web (incluso hay herramientas específicas solo para diseñarlas). Todas las páginas de tu árbol de contenidos son importantes porque por cualquiera de ellas puede entrar el usuario y todas pueden servir para convertirlo en cliente. Por eso puede decirse que cualquier página es una landing page[17]. La diferencia, en realidad, es que las landing **están enfocadas únicamente a la conversión del usuario**.

Brian Massey en su libro 'Your Customer Creation Equation' propone empezar a construir una landing page a partir de una lista de **CTA típicas** según el tipo de web[18]:

- **Catálogo** (buscar contacto): 'déjenos sus datos y le llamamos', 'envíenos un email', 'solicite un presupuesto'…

---

[17] "Every page is page one" Mark Baker, ed. XML Press (2013).
[18] "Your Customer Creation Equation" Brian Massey, ed. CMI (2012).

- **Consultorías** (generar leads): 'regístrate ahora', 'solicita un test', 'descarga nuestro ebook'…

- **Publicación** (obtener suscriptores): 'suscríbete', 'hazte miembro', 'consigue acceso'…

- **Tienda online** (conseguir compras): 'añadir al carrito', 'comprar ahora', 'añadir a la wish list'…

- **Servicios online**: 'prueba gratuita', 'empieza ya', 'actualiza'…

Una llamada a la acción es una forma de definir los objetivos (entre paréntesis en cada caso anterior) por eso recomienda **incluir el máximo posible de la oferta** en el texto o en el botón/banner: el usuario ha de tener claro cómo avanzar hacia la solución de su problema. La prisa ('ahora', 'hoy'…) ayuda a la conversión tanto como los genéricos ('enviar') la estropean.

Lo siguiente que propone es crear una **cabecera y titulares** que den respuesta a lo que el usuario espera encontrar en esa página. Lo resume en **dejar claro qué hay ahí para quien aterrice** y debe coincidir con la promesa hecha en el mail, anuncio, red social o lugar en el que se haya puesto la llamada a la acción que lo ha llevado ahí.

El tercer paso no deja de ser uno intermedio para conseguir lo que se quiere: dar a los usuarios algo que hacer o, en otras palabras, **pedirles que rellenen un formulario con sus datos** para contactarles, registrarse, comprar, probar… Cada campo extra que añadas al formulario reducirá la conversión, incluyendo algunos que directamente hacen al usuario que se lo piense más de dos veces (o ponga una falsa) como la fecha de nacimiento, el teléfono móvil o la cuenta del banco.

El siguiente paso es **vender la oferta**, convencerles de que merece la pena rellenar el formulario para conseguir la promesa del titular. Habla de lo que conseguirán (de nuevo, 'What's in it for me' o WIIFM), ayúdales a tomar la decisión. La **persuasión** es clave para reducir los frenos que puedan tener a hacer lo que sea que les estás pidiendo.

El quinto paso es **hacerse merecedor de la confianza del usuario**. Las formas que sugiere Massey son mediante badges de pago seguro, logos de clientes, testimoniales, estadísticas fiables, iconos sociales… Como vimos al hablar de persuasión, el componente social es importante para hacer algo más vendible.

Para acabar de construir cualquier landing page, hace falta un poco de diseño. Por un lado, **enseñar el producto**, es decir, incluir fotografías o vídeos de lo que conseguirá el usuario y, por otro, componer los elementos de los pasos anteriores para **establecer una jerarquía visual**. Por ejemplo, con viñetas que destaquen los beneficios o un apartado especial para los testimonios de quienes ya lo tienen. Además, suele recomendarse eliminar cualquier otra opción para clickar que la del botón que incluye la CTA como podría ser el menú de navegación (aunque, lógicamente, el usuario siempre puede volver atrás con el navegador o escribir la página principal en la barra de direcciones).

Después de la acción

Ya has conseguido que el usuario compre, se registre o lo que sea que querías que hiciese. Se lo indicas claramente en la web para que no haya confusión, ¡y objetivo cumplido! Uno quizá sí pero aún puedes hacer algo más antes de que abandone tu página y siga navegando por otra.

Aprovecha las **páginas de agradecimiento** (thank you pages) que se muestran después del rellenar el formulario, por ejemplo, en una descarga o tras el check out en un ecommerce para seguir relacionándote con el usuario y cumplir así otros objetivos gracias a los contenidos. Puedes pedirle:

- **Descargar un documento relacionado**: para hacerlo tendría que rellenar otro formulario con campos más concretos (los que acaba de dar deberían quedar pre rellenados) y así mejorarías tu base de datos conociéndole mejor al usuario.

- **Ayudarte a dar visibilidad al contenido** o a la compra dándolos a conocer a sus contactos (lógicamente la página del formulario y no la de agradecimiento).

- **Seguirte en redes sociales** para enterarse de próximos contenidos relacionados que podrían interesarle (adicionalmente a la suscripción por correo).

- **Rellenar una encuesta de satisfacción** sobre el proceso de compra o su experiencia en la web.

- **Completar el registro**: para poder ahorrarse tener que rellenar sus datos la próxima vez que quiera comprar o acudir a un evento, por ejemplo.

Aunque seguramente quien visita este tipo de página ya te conoce, puedes incluir **información corporativa** como un resumen 'Sobre nosotros' que refuerce la idea de que ha actuado bien y mereces su confianza. Otra opción es mostrar próximos eventos o cursos en la zona del usuario, además de los últimos posts, noticias recientes o un concurso que haya en marcha.

Externalización de contenidos

Hay empresas que tienen muy claro que, para crecer y mejorar, han de externalizar. Pero no siempre es así: hay pequeñas con miedo de perder el control o de que se les vaya el presupuesto y grandes que tienen demasiados trabajadores como para creer que lo necesitan. Las dos tienen motivos a favor y en contra, por eso en esta etapa intermedia se empieza a plantear si es necesario o no contratar a un profesional o agencia que entre en la empresa a aportar su granito de arena.

Hay varios momentos en los que una empresa se decide a externalizar los contenidos:

- En las pequeñas, cuando sienten que están **perdiendo oportunidades** por hacerlo ellos mismos y toman consciencia de que no pueden aprovechar sus beneficios.

- En las medianas, cuando sufren un **pico de trabajo** y no pueden asumir toda la dedicación que supone crear y gestionar contenidos de calidad.

- En las grandes, cuando se **les pide unos resultados** que no pueden conseguir por sí mismos y buscan ayuda fuera.

La **inversión en contenidos** no es muy alta en este nivel, pero eso la externalización se utiliza en ocasiones como el último recurso después de haber agotado su propio tiempo y probado alguna herramienta que solucionaba gratuitamente esas funciones. Por ejemplo: webs como Piktochart permiten crear infografías a cualquiera aunque no tenga experiencia ni sea diseñador gráfico pero éste perfil probablemente lo hará mucho mejor. Y, cuando este tipo de contenidos es recurrente, es fácil que se vea la necesidad de externalizarlo o incluso incorporar a alguien dentro del departamento para que se dedique a ello.

Pros y contras

La externalización se complica en épocas de crisis y, además, los contenidos es lo primero que se acaba recortando (señal de que no se entienden los motivos por los que es útil).

Muchas veces en los descansos de mis clases me han preguntado cómo hago siendo autónoma para convencer a los clientes de que les sale a cuenta contratarme para sus contenidos en lugar de que lo hagan ellos mismos. ¿Recuerdas que dije que educamos a nuestra competencia? Pues aquí tienes mi respuesta con **cinco motivos a favor de que externalizar tus contenidos** (ya sea a agencia o a freelance, en este apartado lo usaré indistintamente):

- **Ahorrar tiempo:** que el cliente se centre en su negocio, en lo de realmente conoce. Un externo evita a la empresa tener que dedicar tiempo a aprender lo que para el autónomo está más que sabido (conocimiento) y probado (experiencia). Por eso éste suele trabajar más rápido. Cuando más autónomo sea el redactor también más tranquilidad porque el cliente puede olvidarse de la presión de cumplir esos plazos además de su propias tareas.

- **Mejorar los resultados:** alguien experto escribe contenidos de más calidad o toma decisiones que sabe más rentables si hablamos de externalizar la conceptualización de la estrategia. Cualquier externo quiere mantener el encargo así que se esforzará para que el cliente consiga lo que quiere, sean lecturas u otro objetivo de marketing.

- **Contrastar decisiones**: cuando una persona forma un departamento, necesita ayuda. No solo porque su tiempo es limitado, también para ganar confianza en lo que hace. Externalizar puede ser sinónimo de formar un equipo, aunque la persona trabaje fuera de la oficina. Colaborar es posible para reafirmar opiniones y tomar mejores decisiones.

- **Actualizar la perspectiva**: este argumento viene a responder a uno de los principales motivos de rechazo de la externalización y es que el cliente conoce muy bien su sector y el freelance, normalmente, no. Pero se le puede dar la vuelta y decir que, precisamente por eso, los contenidos serán más frescos, menos viciados por el sector, con enfoques diferenciadores y ángulos novedosos que puedan atraer a alguien menos conocedor del lenguaje técnico.

- **Optimizar los textos y la estrategia**: casi como resumen de lo anterior, el freelance se dedica a jornada completa a los contenidos. Es tan experto en eso como el cliente lo es de su negocio. Sabe cómo hacer su trabajo en menos tiempo del que dedicaría el cliente si dispusiese de él y cómo conseguir que el texto guste a Google tanto como refleje los atributos de la marca.

Pero si todo esto te han parecido pros, **algún contra también hay** y el mayor es el económico. Está claro que toda externalización supone un coste.

Más adelante veremos que contratar a alguien dentro de la propia empresa es la solución de aquellos negocios que dependan de sus servicios.

Otros **contras para no externalizar** están relacionados con lo que vimos en el nivel básico: cuando no se quiere perder el control y se supervisa todo.

Hasta que no encuentras un profesional o agencia de confianza, es posible que esto ocurra: intercambias mails, vas a reuniones, lo supervisas todo y pierdes más tiempo que ganas en resultados. Si no es rentable, déjalo o, mejor, cambia de proveedor. Solo has de elegirlo mejor.

Criterios de selección

Si eres del grupo que encuentra más cosas a favor que en contra de contratar a alguien para que se encargue de crear tu estrategia de contenidos, tu primera duda seguramente sea **qué perfil buscar**. Hay dos formas de contestar a la pregunta pero ambas tienen que ver con la especialización:

- **¿Marketing en general o solo contenidos?** La respuesta dependerá de tus necesidades porque hay muchas opciones que cubrir, desde SEO a programación pasando por email marketing, community management o publicidad. Piensa bien lo que quieres o, ante la duda, haz una consultoría para confirmar si solo necesitas contenidos o más cosas. La decisión entre uno y otro condicionará tus objetivos así que piénsalo bien.

- **¿Agencia o freelance?** Según las personas que trabajen con los contenidos dentro de la empresa y las tareas que tengan incorporadas a su perfil, será preferible contratar a un freelance para tareas especializadas o a una agencia que pueda ofrecer todos los servicios de manera conjunta. La decisión entre una opción u otra puede medirse en euros pero también en la forma de trabajar de unos y otros: no los confundas si quieres aprovechar al máximo lo que ambos pueden ofrecerte.

Para encontrar perfiles como estos, puedes recurrir a LinkedIn, Twitter o a una búsqueda en Google. La lista puede ser bastante larga, pero basándome en lo que mis clientes suelen preguntarme, te doy algunas ideas para acabar de decidir cuál es la mejor opción (algunas sirven para la externalización en general):

- Mira si practica lo que vende: si es SEO, ¿está bien posicionado? Si son contenidos, ¿hace marketing de contenidos?

- Fíjate en los contenidos que publica: ¿qué canales utiliza? ¿Hace content curation?

- Investiga su **reputación** en medios sociales: ¿qué dicen sus seguidores? ¿Qué interacciones reciben sus actualizaciones?

- Busca **ejemplos** que te permitan ver cómo trabaja: ¿conoces a alguien de su lista de clientes o de contactos?

- Intenta que estéis alineados, que haya similitudes de enfoque: ¿tiene un estilo que compartís?

- Olvídate de si conoce tu sector o no, importa la **experiencia**: ¿cuánto tiempo lleva dedicándose a esto? ¿Cómo demuestra lo que sabe?

- Pregunta por lo que más te preocupa, ya sea la promoción o la parte técnica del SEO.

- Trata de averiguar los tiempos de respuesta, los plazos bajo presión.

- Entérate de quién se hará cargo de tu proyecto y su dedicación.

Si te fijas, casi todo esto lo puedes preguntar tanto a una agencia como a un autónomo. Para decidirte entre uno y otro, seguramente te serviría uno de los consejos que he dejado para el final: **no busques 'lo mejor' en general si no 'lo perfecto' para tu empresa**.

En la práctica

En el nivel que acabas de completar, hemos profundizado más en los objetivos o el por qué de cada pieza de contenido que se crea o distribuye desde una empresa. También hemos visto que el formato nos ayuda a lograrlos y que hay muchas opciones en cada etapa por la que pasa el usuario. Decidir tanto objetivos como canales de distribución es tu responsabilidad como estratega.

Es momento de aplicar todas las preguntas que hemos visto en este nivel a tu proyecto. Recupera tu estrategia amateur para ampliarla con las siguientes nuevas preguntas.

- **Metas**: ¿qué quiere la empresa?

- **Objetivos**: ¿son SMART?

- **Estrategia**: ¿cómo los vas a conseguir? ¿Con contenidos y algo más?

- **Tácticas**: ¿qué harás para implementarlo?

- **Perfil**: ¿qué objetivos suyos estás cubriendo?

- **Línea editorial**: ¿qué mensajes le dedicas?

- **Formatos**: ¿cuáles utilizarás para dar a conocer los mensajes definidos para cada etapa?

  o Para que te encuentren, ¿qué palabras clave utilizarás?

  o Para ganarte su confianza, ¿de qué manera les educarás?

  o Para que hagan lo que quieres, ¿cómo les convencerás?

- **Canales**: ¿dónde distribuirás cada contenido?

Contenido avanzado, para empresas que dominan los contenidos

Si empiezas por aquí este libro es que todo lo anterior ya lo llevas haciendo un cierto tiempo y aún tienes **la sensación de que puedes mejorar.** Es posible que algún paso anterior lo tengas ya interiorizado y asumido pero, para ponerte en situación y confirmarlo, te recomiendo dar un repaso aunque solo sea a los apartados prácticos que sirven de resumen.

Hecho esto, ¿qué te parece si avanzamos? El último nivel de madurez en la estrategia de contenidos está relacionado con **los procesos de gestión que llevan a una optimización.** Veremos que quizá hasta ahora creabas el contenido sabiendo que debía servir para algo pero sin acabar de confirmar que era así, sin sentir que lo estabas haciendo bien. No te preocupes que el trabajo hecho hasta ahora no ha sido en vano. Pero, si antes llamábamos a la estrategia amateur y semi profesional, ahora la vamos a **profesionalizar persiguiendo una mejora de su rendimiento.** Para eso, será necesario adentrarse en el interior de la empresa y no quedarse en la superficie como hemos hecho hasta ahora: todos los departamentos se implicarán en los contenidos y éstos se introducirán en su ADN como parte de su manera de ser.

Volveremos a hablar de objetivos pero más enfocados a su medición y rentabilidad porque también hablaremos de inversión.

Estrategia profesional

El índice de trabajo que vamos a seguir para hacer la estrategia en este capítulo es el mismo, pero con algunos matices para darle más profundidad. Empecemos por los **objetivos de los contenidos**, es momento de asegurarnos de que están alineados con los de marketing y éstos a su vez con los de la empresa. Como ya vimos en el nivel intermedio:

- Objetivos de **negocio**: suelen ser ingresos, para qué negarlo.

- Objetivos de **marketing**: si la empresa quiere generar negocio, es trabajo de marketing buscar clientes potenciales que compren, por ejemplo, estableciendo un número de leads a conseguir en cierto periodo de tiempo. Para lograrlo, tendrán que elegirse las estrategias y una de ellas serán los contenidos.

- Objetivos de los **contenidos**: dentro de la estrategia de contenidos, pueden darse objetivos no relacionados directamente con las ventas pero, siguiendo el caso, podríamos establecer que un porcentaje de leads que viniesen directamente del blog o de un ebook.

Encontrar los objetivos y mantenerlos puede resultar complejo después de unos años porque se pierde la perspectiva.

Una forma bastante fácil de seguir centrados en ello es lo que Genuinely llama Focus Canvas[19]. Más adelante profundizaremos sobre el ADN de la empresa pero es un buen punto de partida para este nivel así que prepara tu cuaderno para responder a un par de preguntas importantes.

Mi versión adaptada a los contenidos es la siguiente:

- ¿Cuál es **tu razón de ser** más allá del dinero? Se refiere a lo que te ha movido a crear la empresa pero puedes relacionarlo con **la misión de tus contenidos**. OrbitMedia propone una sencilla fórmula para identificarla[20]:

---

[19]Lo explican en el post https://moz.com/blog/how-to-align-your-entire-company-with-your-marketing-strategy

[20] https://www.orbitmedia.com/blog/content-marketing-mission-statement/

'Nuestra empresa es donde [audiencia] encuentra [contenidos] para [beneficio]'. Por ejemplo, mi versión sería que en mi blog las pymes pueden encontrar artículos sobre marketing de contenidos para convencerse de todo lo que los contenidos les permiten lograr. Intenta escribir tu content mission.

- ¿Qué características **te hacen diferente** respecto a tu competencia y cuál es **tu aportación de valor?** Lista 5 que sean el motivo para que el usuario se decante por ti. Se explica en **los valores** de la empresa pero, aplicado a los contenidos, podrías pensar en adjetivos como prácticos, técnicos, directos, críticos, inspiradores, vanguardistas, honestos, resumidos, divertidos, originales, literarios, sencillos…

Estas dos preguntas han de servir para **confirmar quién eres**. Hemos visto varias de este tipo a lo largo del libro y has de enfocarlas a reafirmar o definir tus objetivos, como empresa y especialmente para saber lo que tus contenidos pueden alcanzar.

Analizando a la competencia

Una cuestión que hasta ahora no habíamos tratado con suficiente profundidad es el análisis de lo que rodea a la empresa. Una **matriz DAFO** (SWOT o FODA) es un buen punto de partida. Sus siglas representan las características internas (**f**ortalezas y **d**ebilidades) y externas de la empresa (**o**portunidades y **a**menazas) así como los aspectos favorables (**f**ortalezas y **o**portunidades) y mejorables (**d**ebilidades y **a**menazas). Completarla es solo el primer paso porque, a partir de la lista que resulte, puedes desarrollar una estrategia defensiva (F+A), ofensiva (F+O), reactiva (D+A) o adaptativa (D+O).

Saber qué hace tu competencia y conocer lo que piensa tu audiencia es tan básico para ponerse manos a la obra como el definir bien qué quieres conseguir (cuáles son tus objetivos). En esta **fase de investigación preliminar** se puede invertir mucho tiempo, tanto que puedes perderte por el camino.

La palabra que mejor define este tipo de estudio es una **auditoria**.

Sé por experiencia que a nadie le gusta, ni a alumnos ni a clientes, pero es lo que es: una auditoria permite revisar los contenidos en busca de **los contenidos que sirven y los que no**. Cuando se hace internamente, contar con datos estadísticos es muy útil. Si no, solo se puede recurrir a la información pública. También puede hacerse una auditoria SEO o una de marketing, pero vamos a centrarnos en los contenidos.

Hay diversas formas de hacerla pero la más sencilla es simplemente **consumir su contenido con espíritu crítico**. Primero, haz una lista de a quién consideras competencia y, entonces, fíjate en:

- **Web**: navega entre sus páginas y secciones para saber cuál es la prioritaria dentro del mapa web. Si hay un producto estrella, trata de averiguar por qué ése y no otro. Analiza los caminos de conversión, las barreras de acceso a los contenidos, carrito de la compra o equivalente, las llamadas a la acción, la manera de promocionar el contenido…

- **Blog**: mira el equilibrio de categorías y etiquetas. Revisa los suficientes posts como para descubrir la línea editorial de la empresa y detectar cuáles han sido los más compartidos, quién los ha escrito y cuándo. Analiza también cómo se relaciona el blog con la web y otros canales, por ejemplo el correo electrónico o las redes sociales.

- **Twitter**: fíjate en los favoritos y listas que tiene, a quién sigue/le siguen, los hashtags que utiliza y las respuestas que da. Además, lee unos cuantos para saber cuánta promoción hace o si comparte siempre de las mismas fuentes.

- **Facebook**: repasa su cronología a ver qué tipo de fotografías comparte, los concursos/sorteos que haya podido hacer, si hace demasiada promoción y si puedes cotillear un poco entre sus fans aún mejor. Analiza su respuesta a los comentarios, tanto positivos como negativos.

- **Instagram**: para las publicaciones, comprueba cada cuánto publica, qué formatos utiliza, los hashtags que repite y las interacciones que consigue para tratar de identificar el perfil de sus seguidores. Fíjate también en las stories para ver cuáles tiene destacadas y qué formatos prefiere.

Piensa en qué cambiarías, qué no habrías hecho, qué parece funcionar… con espíritu crítico y constructivo.

Un análisis más cuantitativo nos daría números: tantos posts al mes, tantos tuits con engagement a la semana, tantas personas que hablan en Facebook… con una auditoria podemos tratar de **descifrar la estrategia a la inversa**: sus objetivos comerciales, sus temas de conversación en las redes sociales, su dedicación en cuanto a contenidos… así podrás saber si realmente hace marketing de contenidos o simplemente publica contenidos.

Más adelante, al hablar de biblioteca de contenidos, veremos que al análisis cuantitativo se le llama inventario y auditoria de contenidos al cualitativo.

Identificación de la audiencia

Saber **quién leerá nuestros contenidos** es clave para su éxito porque nos ayuda a crear los mensajes adecuados para ellos en la web y redes sociales. Pensar en las personas a las que nos dirigimos también nos ayuda a identificar influenciadores para campañas de RRPP, palabras clave para campañas de SEO, eventos interesantes que promocionar o a los que asistir para encontrar leads, etc.

Si has creado tu producto para tu audiencia, ¿cómo no pensar en los usuarios a la hora de crear contenido para darlo a conocer o acercarte a ellos? **Adaptarte a lo que esperan de ti** es tan básico para organizar tu web como para redactar un texto atractivo.

De hecho, una forma para crear tu contenido es precisamente mapeándolo con tu audiencia, es decir, pensar **qué necesitan en cada momento** del funnel (incluso antes) y ofrecérselo en diferentes formatos y canales. Así tendrás una web que cumpla sus expectativas y les resulte persuasiva.

Para ponerte en situación, te propongo un ejercicio mental: piensa en **alguien famoso**. Quien quieras, no se trata de definir la fama ni ninguna palabra relacionada. Puede ser del histórico, de una serie actual, de algún deporte, grupo musical o tu escritora favorita. No importa el motivo por el que consiguió esa fama, solo que tú lo sepas y hayas seguido un poco su trayectoria.

Siguiente paso, imagina que mañana ésta persona llama a la puerta de tu tienda, oficina, casa o donde sea que estés trabajando y te pide que **le enseñes tu negocio**. Para este ejercicio sirve tanto que le abras tu fábrica de cientos de metros cuadrados como tu pequeña tienda de barrio o esa habitación de tu casa donde tienes un rincón con tu ordenador.

Supongamos que superas el primer impacto y te comportas como **un buen anfitrión**. Ahora responde a estas preguntas:

- ¿Qué le enseñarías y qué ocultarías?

- ¿Algún lugar concreto donde te pararías para destacar algo?

- ¿Por dónde empezarías y dónde acabarías?

- El tour llega a su fin y esa persona ha de irse, ¿qué le dirías como despedida?

Un último esfuerzo para tu imaginación: imagina que alguien te para por la calle y te dice que quiere conocer tu negocio. No es alguien famoso, es un desconocido. Pregúntate una sencilla cuestión: ¿le tratarías igual que al famoso? Varias opciones en las respuestas posibles: sí, si tienes tiempo; no, si no te fías; quizá, según cómo te pille el día.

La correcta sería que según si **ves en ese desconocido un cliente potencial**, ¿no te parece? Míralo desde ésta otra perspectiva: ¿viste un cliente potencial en tu famoso o solo el hiciste el tour porque era famoso? Y, si cada día un famoso te hiciese la misma petición, ¿siempre reaccionarías con la misma predisposición?

Por último, aplícalo a los contenidos de tu web: cada persona que entra a tu web, igual que la que entra a tu tienda, es un cliente potencial. No importa si es famoso o no, tú eres quien lo ha de convertir en alguien importante al darle todo lo que necesita para **estar a gusto en tu web**. Cualquier visitante puede ser un famoso, trátale como tal. A la hora de crear contenidos, hazlo como si fuesen para alguien popular, influyente, gurú…

Si conoces tan bien a esa persona desconocida como a un famoso, sabrás qué contenidos quiere conocer, qué destacar, qué camino seguir… Por eso vamos a trabajar en tus creencias para saber mejor quién es y cómo es el público objetivo de tu web, de tus contenidos.

Lo haremos desde diferentes perspectivas así, ya sabes, prepara tu cuaderno para responder a unas cuantas preguntas.

¿Quién es tu audiencia?

En las próximas páginas y en general en todo el libro, he estado usando audiencia, leads, personas, clientes, usuarios… para designar al destinatario de tus productos o servicios, comunicación, marketing, contenidos…

Si tu empresa se dirige a público final (B2C), no habrás tenido ningún problema en verlo así. Pero quizá te haya sonado extraño si tu negocio es comerciar con otras empresas (B2B), si participas de la economía colaborativa (C2C) o si trabajas en una institución que se relaciona tanto con usuarios (G2C) como con proveedores (G2B).

Si piensas en **quién toma las decisiones**, verás que es una persona. Quizá dentro de un departamento, con un superior o unos gastos que justificar, pero personas al fin y al cabo. Simplemente has de considerar que tiene otros frenos de compra y que quizá los canales sociales no le sean tan útiles como al público final. Pero sigue necesitando contenidos.

Cualquier marketing necesita contenidos para acercarse y convertir al lead. Incluso cuando estemos usando un acercamiento a grandes cuentas (**Account Based Marketing o ABM**), el contenido es indispensable para completar la venta. En todo caso, la diferencia está en que el funnel se invierte para dirigirse solo a la persona que representa esa cuenta en lugar de a muchas lo que obliga a que el contenido esté más personalizado. Los formatos serán los mismos que hemos visto: testimoniales, tutoriales, guías, webinars, vídeos…

Buyer personas

Una persona es **una representación de un cliente ideal**, tiene un perfil bien definido y sirve para entender cómo deben ser nuestros contenidos para atraerla. Así es como lo entiende el inbound marketing y el marketing de contenidos y se le llama **buyer persona** porque la atracción es la primera parte del funnel de compra.

La usabilidad utiliza **user personas** para conocer su comportamiento frente a un dispositivo y una **search persona** permite entender qué busca para ofrecérselo. Si juntásemos estas 3 representaciones, encontraríamos muchos elementos comunes porque se trata de personas con las que se relaciona una marca.

Para definir tus personas, has de considerar algunas cuestiones:

- **¿A cuántos perfiles diferentes se dirigen tus contenidos?** Depende de tu modelo negocio. Por ejemplo, si tienes intermediarios como pueden ser franquiciados o afiliados, si vendes directamente al público final o a otra empresa, si trabajas en instituciones... Puedes definir las personas que creas necesitar pero pregúntate si podrás dedicarles el tiempo suficiente a cada una.

- **¿Qué información necesitas para crear tus personas?** Dicho rápido: toda la que puedas. Entrando al detalle: perfil sociodemográfico para ponerle cara, personalidad, consumo de medios, rutina diaria en el trabajo y ocio, motivaciones personales, frenos de compra... Lo dicho, todo lo que sepas te puede ser útil.

- **¿Dónde conseguir esta información?** La lista de las tácticas incluye desde datos externos a entrevistas con clientes. Los recursos que dediques a esta investigación sin duda serán beneficiosos para tu estrategia de contenidos y en general de empresa.

En su libro 'Digital Relevance', Ardath Albee[21] sugiere 9 elementos para identificar a una persona y los agrupa en 3 fases:

1. En el escenario de engagement (lugares donde se relaciona con otras personas), define los **objetivos** que pueda tener y las preguntas que se plantea para su investigación.

2. En el día a día del usuario, pregúntate por sus **problemas** para lograr esos objetivos y su forma de enfrentarse a ellos.

3. En entornos online, determina los **obstáculos** que se encuentra y las palabras que utilizaría para hallar la solución.

---

[21] "Digital Relevance" Ardath Albee, ed. Palgrave Macmillan (2015).

El siguiente paso es estructurar todos los datos en una ficha que se adjunta o entrega con la estrategia. Hay numerosas plantillas para crear estos perfiles gratuitamente (en mi centro de recursos puedes descargar una).

Mapa de la empatía

Una vez has identificado quiénes son tus personas, aún has que profundizar más en lo que les preocupa. Una herramienta muy útil para hacerlo es un **mapa de la empatía**. Un gráfico de este tipo sirve para recopilar visualmente toda la información que sepas sobre tu cliente ideal (un mapa para cada persona).

Igual que antes, puedes pedir ayuda de tu equipo, realizar encuestas personales o monitorizar online para encontrar las respuestas más reales posibles.

El mapa de la empatía está dividido en 6 cuadrículas y no tiene que ver con las características sociodemográficas si no con su comportamiento y entorno. Eso sí, se recomienda poner **una fotografía del buyer persona en el centro** de manera que siempre se le tenga presente al responder a las preguntas que componen el mapa, es decir, contesta pensando que lo hace ella y no tú.

Piensa en tu producto o servicio pero también en el sector en general para tener una imagen más completa.

Con el perfil de persona creado, puedes utilizar una plantilla en blanco o simplemente contestar a las preguntas que componen un mapa de la empatía:

- **¿Qué ve?** Céntrate en lo que le rodea: ¿con quién se relaciona? ¿Cómo es su entorno de trabajo y familiar? ¿Qué problemas tiene y cómo intenta solucionarlos?

- **¿Qué oye?** Fíjate en cómo le afecta su entorno: ¿qué le dicen para influirle? ¿A qué canal presta más atención?

- **¿Qué piensa y siente?** Métete en su mente: ¿qué es lo que realmente le preocupa? ¿Cuáles son sus prioridades? ¿Cuál es su sueño y aspiración respecto a lo que tú le ofreces?

- **¿Qué dice y hace?** Averigua cómo se comporta en público: ¿Qué actitud tiene en el trabajo? ¿Le preocupa qué piensa su entorno de él? ¿Hay un conflicto entre lo que piensa y lo que realmente hace?

- ¿Qué **esfuerzos** realiza, con qué obstáculos se encuentra, cuáles son sus miedos, en qué situaciones siente frustración, qué riesgos no quiere asumir?

- ¿Qué **resultados** busca, cuáles son sus deseos u objetivos, qué quiere realmente conseguir, qué beneficios espera obtener, cómo mide el éxito?

Cada cuadrícula dentro del mapa puede tener tantas anotaciones como creas convenientes. Intenta que esté equilibrado y que haya respuestas para todas las preguntas. Cuanto más completo sea, mejores ideas para aplicar a tus contenidos: ¿cada respuesta que hayas dado podría ser un tema para un artículo de tu blog?

Recorrido o customer journey

Aunque te parezca que ya conoces bastante bien a las personas que acabamos de definir, aún se puede añadir una dimensión: **su viaje como clientes** (customer journey). Si pensamos solo en el recorrido que hacen por el funnel (buyer journey), el camino pierde contexto y no podremos apreciar los motivos por los que llega o qué hace cuando sale. Trazar ese camino completo te ayudará a enfocar mejor **el proceso de compra y la fidelización**.

De una manera mucho más superficial, lo trabajamos en el nivel anterior al identificar los plazos de sus objetivos al visitar tu web. Pero ahora vamos a profundizar un poco más.

Empieza por **estudiar el comportamiento del usuario** en los diferentes puntos de contacto: la investigación es igual de importante que en los tipos de perfiles previos y podemos extraer datos de diversas fuentes como entrevistas, focus groups, monitorización online…

Tendremos que fijarnos tanto en los dispositivos que utiliza como en su entorno y en lo que experimenta o los lugares por donde se mueve el usuario.

El siguiente paso es **graficar el camino utilizando la información recabada**. Reúne a tu equipo y manos a la obra. Hay diferentes formas de trabajar el customer journey pero es mejor hacerlo en grupo con trabajadores, clientes o invitados que aporten una visión externa para evitar sesgos. Utiliza una pizarra o mesa grande y reparte tarjetas a cada persona para que puedan hacer su aportación. Representa el viaje siguiendo estas partes:

- **Las etapas**: el antes, durante y después de lo que considerarías la compra, es decir, antes de conocerte (descubrir qué quiere y su investigación previa) y después de haber terminado con tu producto o servicio (usarlo y compartir la experiencia).

- Lo que **piensa** (think): sus pensamientos relacionados con el proceso de compra o preocupaciones en general que afecten a sus decisiones.

- Lo que **siente** (feel): si sus sentimientos son favorables, neutros o negativos.

- Lo que **hace** (do): las acciones que realiza en cada etapa.

- **Los puntos de contacto**: productos, formatos, canales, contenidos, campañas... aquello con lo que se relaciona el usuario en cada momento.

Las etapas separan la información y la organizan temporalmente; lo que piensa/siente/hace es lo que nos permite crear el viaje paso a paso; y los puntos de contacto con la marca es donde te darás de cuenta si tu presencia le ayuda o no. La clave es preguntarse constantemente: **'¿y ahora qué haría mi buyer persona?'**. De esta manera, irás avanzando poco a poco en el camino. Cuanto más detallado, más información útil saldrá.

Después, hay que **explicar la historia** que conecta los puntos del viaje siguiendo las etapas descritas. Por ejemplo, la persona se encuentra durante la etapa de investigación con un problema que con tu compra puede solucionar y con su uso mejoran sus sentimientos. En este punto es donde pueden eliminarse tarjetas del paso anterior si vemos que no encajan adecuadamente y también donde verás los bucles que puede hacer el usuario porque, como ya dijimos, el ciclo de compra no siempre es lineal.

El concepto de buyer legends que propusieron los hermanos Eisenberg también explica el customer journey utilizando el storytelling[22]: se trata de un proceso narrativo que ayuda a identificar el espacio entre la historia de la marca y la experiencia del usuario. Siempre se basan en la realidad por eso para crearla se empieza por recopilar datos. Con ellos en mente, sugieren dedicar 90 minutos a:

1. **Escoger una perspectiva** (15 minutos): describe a tu buyer persona y tu objetivo de conversión para establecer un contexto a la historia.

2. **Identificar los problemas** (10 min.): explica los momentos en los que el usuario se decidiría por no comprarte o elegiría a la competencia, es decir, sus frenos de compra.

3. **Hacer una cronología inversa** (15 min.): empieza por el final, es decir, el éxito de tu conversión y ves sorteando los problemas que has detectado.

4. **Esbozar la historia** (50 min.): escribe la leyenda teniendo en cuenta quién es tu cliente, qué está intentando conseguir y cómo tu empresa le ayuda, cuáles son los pasos que da y las decisiones que toma así como lo que piensa en cada caso y cómo se siente.

Inténtalo y verás que la primera vez necesitarás algo más de una hora y media pero el resultado merecerá la pena para identificar **al héroe de tu historia** o, en otras palabras, tu buyer persona de una manera mucho más cercana. Además, el mapa de la empatía te habrá ayudado también a completar la historia por lo que, en el fondo, las diferentes formas de trabajar llevan a conocer mejor al usuario.

Por último, sea cual sea la vía que prefieras para crear este viaje, has de utilizarlo para **mejorar la experiencia del usuario**: el aprendizaje puede ser útil para mejorar tu producto y corregir errores que molestan al usuario si, por ejemplo, te fijas en qué sentimientos negativos puedes convertir en experiencias positivas.

Plantéate los puntos de contacto como oportunidades y verás que tienes mucho por optimizar: prioriza y manos a la obra.

---

[22] "Buyer legends" Bryan y Jeffrey Eisenberg (2015).

Una parte de la información que se extrae realizando el customer journey puede aplicarse solo a la web o a otros canales de distribución de contenidos. Por ejemplo:

- ¿Qué quiero que **piense** el usuario cuando visite mi web?

- ¿Qué ha de **sentir** o cómo quiero que se sienta?

- ¿Qué quiero que **haga** o cuántas llamadas a la acción hay?

Trabajando solo **el modelo Think/Feel/Do** te darás cuenta de que todos los contenidos que hagas pueden crearse teniendo estas 3 preguntas en mente. No solo tu web, cualquier actualización social, aunque sea más breve, contribuirá a crear una imagen en la mente del usuario y, por tanto, a hacerle sentir algo respecto a tu marca. Y, como vimos en el nivel anterior, la reputación contribuye a la acción. Por eso es necesario acompañarlo emocionalmente siempre que sea posible a través de los contenidos.

Otra manera más sencilla de representar únicamente la intención de compra de tu buyer persona es un **complexograma**[23]. Este tipo de gráfico se forma utilizando 4 cuadrantes con una línea diagonal hacia el centro que señala una escala de 1 a 5 (de insignificante a crítico). En cada eje se cuantifican las 4 dimensiones de la compra:

- **Necesidad**: ¿tardará mucho en tomar la decisión (1) o está próximo a comprar (5)?

- **Riesgo**: ¿cuánto arriesga el usuario al realizar la compra?

- **Conocimiento**: ¿cuánto sabe el usuario del producto o servicio?

- **Consenso**: ¿cuántos están implicados en la decisión de compra? Puede ser solo él (1) u otras personas como su familia o su jefe (más propio del B2B).

Utilizar este tipo de gráfico ayuda a comprender en qué momento se encuentra el usuario **respecto a la decisión de compra**. Por ejemplo: un cliente potencial ideal entendido como aquel que sabe cómo es el producto y está dispuesto a comprarlo, quedaría

---

[23] http://www.bryaneisenberg.com/complexograms-an-illustration-of-your-content-marketing-needs/

representado en este gráfico con números altos en los cuadrantes de necesidad y conocimiento. En los cuadrantes contrarios estaría alguien que percibe un riesgo en la inversión y depende de la decisión de otros para actuar.

Tienes mucho más detalle sobre cómo definir a tu audiencia en mi libro "Pilares del contenido" (solo disponible en Amazon, papel y Kindle).

Conociendo a la marca

Todas las empresas son diferentes o deberían serlo si quieren hacerse un hueco en el mercado y sobrevivir. Otra forma de decirlo es que **todas las marcas tienen personalidad** y deberían expresarla si quieren diferenciarse del resto. ¿Cómo conocerse lo suficiente como para describir no solo quiénes somos si no esa manera de ser que nos hace únicos? ¿Qué hacemos para transmitirla adecuadamente y qué pasa si no gustamos a nuestra audiencia?

Seguramente éstas son algunas de las preguntas que pasan por tu mente pero habrá muchas más en este capítulo. Para aclarar desde un inicio posibles dudas, si toda la estrategia que estás haciendo podría implementarla otra empresa, no funcionará. Mejor vuelve a empezar asegurándote de saber **cómo es la esencia de tu marca**.

ADN corporativo

No sé cuántas veces te habré hecho esta pregunta a lo largo de todo el libro pero seguramente ahora es cuando más vas a trabajar para contestarla: **¿quién eres?** O, **¿cómo es tu marca?** Quizá te parezca una pregunta rara considerando que llevas ya un tiempo publicando contenidos, es decir, teóricamente transmitiendo la respuesta a esa pregunta. Llámalo valores, personalidad o cultura corporativa, pero es momento de encontrar la respuesta.

Hay varias propuestas para definir **la identidad de tu marca**. Según **el prisma** (brand identiy prism) que propone Jean-Noël Kapferer en su libro 'The New Strategic Brand Management'[24], una marca se compone de 6 elementos formando un hexágono:

- **Propiedades físicas**: características tangibles como el logo o el packaging.

- **Relación** entre la marca y el usuario: de qué manera se tratan.

- **Reflejo**: estereotipo o percepción de cómo es su usuario.

- **Personalidad**: el carácter puede reflejarse en la forma de escribir o colores corporativos.

- **Cultura**: principios y valores que rigen la marca y su comportamiento.

- **Imagen de sí mismo**: proyección que hace el usuario por utilizar esa marca.

Los 3 primeros tienen que ver con la parte externa de la marca mientras que los 3 últimos vienen dados internamente.

Si lo tuyo son más **las pirámides**, hay otra forma en la que puedes representar cómo eres utilizando 5 elementos que forman **la esencia de una marca** (el 6º los agrupa). Son similares a los del prisma pero en esta disposición se presume una jerarquía. Empezando por la punta hasta llegar a la base:

- **Personalidad**: rasgos que definen la marca.

- **Valores**: posicionamiento de la marca.

- **Beneficios emocionales**: sensaciones y recompensas psicológicas.

- **Beneficios racionales**: relacionados con las funcionalidades.

- **Atributos**: características tangibles de la marca.

Esta lista también nos servirá en el siguiente apartado para encontrar los lugares donde puede operar la marca así que empieza a pensar en cómo completar la pirámide con algunas palabras en cada escalón,

---

[24] "The New Strategic Brand Management'" Jean-Noël Kapferer , ed. Kogan Page (2012).

del más bajo (atributos) al más alto (quédate en valores porque enseguida veremos más cosas sobre la personalidad).

Una tercera y última forma de representar tu marca es utilizando **una rueda** (brand wheel). De hecho, la pirámide que acabas de hacer se puede explicar también con círculos concéntricos, de más pequeño (esencia) a más grande (atributos). La rueda que te propongo seguir tiene 3 niveles diferentes:

- En el interior se encuentra **la esencia**.

- En el círculo central, la mitad superior se utiliza para las **características** y la inferior para la **personalidad**.

- En el círculo exterior, se contesta a 1 pregunta diferente en cada cuadrante. Correspondiendo a la **parte racional** (características), qué hace el producto por mí y cómo lo describiría. En la **parte emocional** (personalidad), cómo me hace sentir la marca y cómo hace que me vean los demás.

Como ves, hay diferentes formas de llegar a lo mismo y han conceptos que se repiten. El más importante tratándose de contenidos es **la personalidad**. Siguiendo la propuesta de Jennifer Aaker en 'Dimensions of Brand Personality'[25], es posible definir los rasgos de personalidad de una marca utilizando 42 indicadores que pueden agruparse en 5:

- **Sinceridad**: honesto, alegre, amigable, familiar…

- **Excitación**: atrevido, imaginativo, joven, original…

- **Competencia**: confiable, inteligente, exitoso, seguro…

- **Sofisticación**: lujo, encantador, glamur, femenino…

- **Robustez**: aire libre, resistente, fuerte, masculino…

Revisa esta lista de palabras e intenta definir tu marca poniendo un valor del 1 al 5 al lado según cuánto creas que tiene que ver contigo.

Ya sea con un hexágono, una pirámide, un círculo o cualquier otra representación gráfica, **analizar quiénes somos** es importante para poder reflejarlo en nuestros contenidos. Podemos llamarlo esencia

---

[25] https://www.jstor.org/stable/3151897

de la marca (brand essence) pero el concepto de ADN me parece apropiado porque lo que somos está grabado en nuestro interior y no podemos cambiarlo. Es lo que te hace diferente a los demás y a la vez te hace conectar con aquellos a los que te diriges.

Territorio de marca

Sabiendo mejor cómo es tu marca, parece más fácil saber qué tipo de contenidos generar. Pero, no tengas prisa, antes tenemos que identificar **un territorio donde situar la marca**, es decir, una temática desde donde esos contenidos sean creíbles y fácilmente vinculables a ella. Javier Regueira en 'Neopubli'[26] define un territorio como el contexto para todo lo que una marca cuenta mientras que Fernando de la Rosa lo hace como el lugar o situación donde queremos que los consumidores nos asocien[27]. Por ejemplo, el agua se asocia con salud de manera que el deporte podría ser un buen territorio para una marca de ese sector.

Para encontrar tu territorio, podrás aprovechar algo de lo dibujado en los diagramas anteriores porque vamos a utilizar unos círculos concéntricos siguiendo la propuesta de Fernando:

- En el centro, sitúa tu **marca**: solo has de poner el nombre.

- En el segundo nivel, apunta los **productos** que ofreces: puedes poner los nombres de los principales de tu catálogo o su categoría. Por ejemplo: refresco light, ropa para niños, coche deportivo…

- En el tercero, el más importante, los **beneficios** que percibe el usuario para cada producto que tengas: a un lado los funcionales y al otro los emocionales. Por ejemplo: suavidad y autoestima, respectivamente, para un champú.

- En el último nivel, asocia cada beneficio a un **tema** relacionado sobre el que poder generar contenidos, es decir, territorios. Por ejemplo: belleza o lujo.

Seguramente te saldrá **más de un posible territorio**, hay sectores

---

[26] "Neopubli" Javier Regueira, BCMA Spain (2018).
[27] http://www.titonet.com/marketing/definiendo-los-territorios-de-marca.html

en los que es fácil identificar cuál debe ser el prioritario. Por
ejemplo, está claro que un hotel o un restaurante pueden vincularse
al turismo pero también pueden querer explorar territorios
alternativos como la tradición. La decisión depende de cuál es su
esencia para así poder **diferenciarse de su competencia**. Por
ejemplo, cualquier detergente podría tener como territorio el
cuidado del hogar pero también medio ambiente o ahorro. No
todos son tan evidentes.

Una vez definidos los territorios, ahora sí, es momento de generar
contenidos. ¿Cuál es el más adecuado? Javier Regueira propone 10
fórmulas posibles que nos llevarán a dotar de contenido adecuado a
la marca[28]: desde buscar en las raíces su origen a introducir una
innovación, pasando por el humor o el cobranding.

El **formato** puede ser un artículo informativo o un ebook educativo
(propio del marketing de contenidos como hemos visto) pero
también una app, webserie o una serie de eventos (más relacionado
con el entretenimiento propio del branded content).

Guía de estilo

Una Guía de estilo es un documento que pocas empresas tienen, no
nos vamos a engañar. Es más fácil que quien haga la web incluya un
Manual de identidad corporativa y no son lo mismo, aunque se
parezcan. El motivo está escondido en la frase anterior: para el
diseño, se contrata un diseñador; para el contenido, no se busca a
nadie. Así que, como no hay una estrategia de contenidos, no hay un
content strategist que piense en los entregables habituales que
hemos ido preparando en este libro.

Si dudas de que una Guía de estilo sea necesaria en tu empresa, hay
varias situaciones en las que es recomendable tenerla:

- Cuantos **más contenidos** publique tu empresa, más
  posibilidades hay de que muestres una imagen coherente si
  tienes una Guía.

- Cuantas **más personas** lo hagan, mejor unificar los estilos

---

[28] http://www.javierregueira.com/10-rutas-contenido/

bajo una Guía aunque se deje margen para la respuesta personal.

- Cuantos **más perfiles y países** intentes cubrir, más necesario es clarificar en una Guía la localización de los contenidos (no confundir con traducción porque ésta el literal mientras que la localización tiene en cuenta, además del lenguaje, la cultura del país para hacer la adaptación de la pieza).

No es un documento obligado dentro de una estrategia de contenidos pero desde luego ayuda a los redactores a enfocar mejor los textos y eso siempre beneficia a la empresa. Desde fuera, con una Guía de estilo se consiguen **mensajes más consistentes entre sí, una imagen más cohesionada**. Desde dentro, el equipo de contenidos sentirá que tiene un vínculo más claro con la marca que representa.

Por eso, hay que contar con las personas que dedican su tiempo a los contenidos. Implicarlos es una forma de que después acepten las decisiones tomadas y las respeten. Con el personal dispuesto a cumplir las indicaciones de la Guía, es más fácil que la marca se fortalezca.

En una Guía de estilo se recoge la manera en que deben escribirse los contenidos. Se centra más en **el cómo y no tanto en el qué** ya que sirve de complemento a la propia estrategia de contenidos. Son conceptos relacionados pero diferentes:

- ¿Cuál es tu **mensaje clave**? Lo hemos definido en el apartado anterior, es lo que vas a contar (**qué**).

- ¿Con qué **voz y tono** quieres transmitirlo? Se trata del **cómo**: la voz es un punto de vista (casual o formal) y el tono es una actitud (cercano, divertido).

Empresas pequeñas, autónomos o las que solo una persona se encarga de los contenidos, no ven utilidad en **invertir tiempo en crear una Guía de estilo** y acaba siendo un documento con un par de notas para uso personal. Yo misma lo hago algunas veces cuando empiezo a trabajar con algún cliente aunque solo sea para mí.

Pero cuando una empresa lleva algo más de tiempo, ya no es una cuestión de falta de recursos como podría suceder en niveles anteriores, si no de asegurar que se mantiene la coherencia. Se vuelve un documento más estratégico, **hace falta que todos sepan cómo expresarse y dónde recurrir en caso de duda.** Hay que documentar las decisiones pero también argumentarlas dado que habrá más de una persona creando contenidos. Si se da el caso de que se tienen un par de notas personales, mucho más sencillo. Si no, hay que trabajar la Guía desde cero.

Empieza por encontrar tu voz en dos sencillos pasos:

1. Explica en 3 palabras la personalidad de la marca y añádele **sinónimos y antónimos** para definirla claramente. Por ejemplo, apasionada.

2. Haz una tabla que incluya una fila para cada palabra y columnas para su **descripción, lo que debería hacerse y lo que no.** Siguiendo con el ejemplo, 'nos apasiona poder cambiar el mundo', 'estamos motivados como unas animadoras' y por eso no usaremos la voz pasiva al escribir (tono).

A la hora de definir tu estilo, recuerda que te diriges a un usuario concreto así que es muy importante conocer cómo éste se comunica. Para conectar, debéis hablar el mismo **lenguaje** (técnico, argot…), no solo **idioma** (castellano, catalán, inglés…).

Con toda esta información, ya puedes empezar a escribir tu Guía de estilo. Para empezar puedes usar alguna de referencia como las que encontrarás en mi centro de recursos. Ten en cuenta que ha de ser **un documento útil** así que incluye términos alternativos a las palabras que no deberían usarse, referencias gramaticales y denominaciones para la empresa y para el usuario (tú/nosotros). No está de más añadir también enlaces que amplíen las propuestas y, lógicamente, una forma de contacto por si se da el caso de que las personas que la utilizarán tengan dudas.

Si se trata de **un documento que complementa a otros**, esta información es la básica. Pero si no hay una estrategia previa, puedes incluir información sobre los tipos de contenidos aceptados, el tratamiento de imágenes o incluso un resumen del customer journey para que comprendan mejor al usuario al que se dirigen.

Tienes mucho más detalle sobre cómo definir tu Guía de estilo en mi libro "Pilares del contenido" (solo disponible en Amazon, papel y Kindle).

Optimización de contenidos

Si continuásemos con el índice que vimos en el nivel anterior, después de haber definido los objetivos, conocido a tu cliente ideal y definido las temáticas comunes, deberías estar abriendo nuevos canales. Pero una estrategia profesional, antes de pensar en eso, se preocupa de **revisar para rentabilizar** lo que ya se está haciendo.

Así, no se trata tanto de optimizar para conseguir más tráfico como haría el SEO, sino de mejorar la experiencia del usuario (user experience o UX) y los resultados que obtiene la empresa gracias a ella (conversión).

Una definición de **experiencia del usuario** es la manera en que el usuario se relaciona con un entorno. Bajo este paraguas encontramos conceptos como diseño de interacción (user interaction o UI), arquitectura de la información, usabilidad, accesibilidad...

La estrategia de contenidos tiene en cuenta todas estas perspectivas del contenido, lógicamente, siempre en coordinación con los responsables de estas disciplinas.

Usabilidad

Una de las primeras cosas que hicimos al empezar este libro fue crear la web. Por el camino hasta aquí, te he ido sugiriendo algunos pequeños cambios pero ahora vamos a optimizarla para que sea usable. La usabilidad busca que algo sea **fácil de utilizar** y ese 'algo' puede aplicarse a cualquier dispositivo, no solo la web también apps o programas de escritorio.

De acuerdo con el Informe APEI sobre usabilidad[29], ésta se puede medir mediante la observación de sus atributos:

---

[29] Disponible en http://www.nosolousabilidad.com/manual/1.htm

- **Fácil aprendizaje**: ¿es sencillo utilizarlo por primera vez?

- **Eficiencia**: después de aprender el funcionamiento básico, ¿cuánto tardan los usuarios en realizar una tarea?

- **Recordable**: después de estar un tiempo sin usarlo, ¿cuánto tardan en volver a usarlo eficientemente?

- **Eficacia**: mientras lo usan, ¿cuántos errores cometen y cuánto les cuesta solucionarlo?

- **Satisfacción**: la única que es subjetiva, ¿les ha resultado agradable y sencillo realizar las tareas?

Hay varias formas de contestar a estas preguntas pero el primer paso sería definir a una **user persona** y establecer un escenario de interacción. Como vimos al trabajar las buyer personas, se trata de una representación de un usuario tipo que visita la web. Para conocer cómo interactúa en ella, hay muchas técnicas posibles: utilizar tests, entrevistas y focus groups, estudios de eye tracking para hacer mapas de calor, etc.

¿En qué debemos fijarnos cuando hablamos de diseño de interacción (UI)? La propuesta de Gillian Crampton se centra en 4 dimensiones y Kevin Silver añade una quinta[30]:

- **Palabras**: la terminología debe ser sencilla de entender.

- **Elementos gráficos**: la tipografía, los iconos y cualquier representación visual debe ser fácil de interpretar.

- **Objetivos físicos**: el hardware con el que se relaciona el usuario, como teclado, ratón o móvil, para poder completar su objetivo.

- **Tiempo**: el que dedica el usuario en las 3 dimensiones anteriores, incluyendo las formas en las que mide su progreso como relojes o animaciones temporales.

- **Comportamiento**: las emociones y reacciones mientras interactúa con el dispositivo.

---

[30] https://www.interaction-design.org/literature/article/the-five-languages-or-dimensions-of-interaction-design

Así pues, los cambios que se deberían hacer después de realizar un estudio de usabilidad pueden cubrir aspectos de **orientación** como titulares, buscador, menús; **eficacia** como que los formularios queden pre rellenados la segunda vez que se accede; mensajes de error y sistemas de ayuda para resolver problemas; **coherencia** entre la jerarquía visual de las diferentes páginas; contraste entre los colores elegidos para los iconos... cualquier elemento puede influir en la experiencia del usuario.

Después de esta etapa de análisis y recopilación de datos, se realiza un **wireframe y un prototipo** que responda de la mejor manera posible a los descubrimientos. Como ya vimos, el primero es un esquema jerárquico simple mientras que el segundo ya tiene en cuenta la parte visual. Y, como recomiendan en 'Web UI Best Practices'[31], después hay que conservar esta información en un documento de **especificaciones técnicas** o también en una Guía de estilo para futuras actualizaciones.

Si la usabilidad busca que los usuarios estén cómodos utilizando un dispositivo, **la accesibilidad** tiene como objetivo que pueda ser utilizado por el mayor número posible de personas. Para hacer una web accesible hay que contemplar, principalmente desde su programación, todos los navegadores posibles en todos los sistemas operativos posibles lo cual incluye, por ejemplo, adaptaciones visuales y táctiles en teclados de ordenador para personas con algún tipo de discapacidad.

Arquitectura persuasiva

La **arquitectura de la información** se encarga de organización los contenidos. Debe servir al usuario para situarse y sigue principios de la psicología cognitiva como los modelos mentales. Y también vimos en las primeras páginas de este libro que un árbol de contenidos es importante para estructurar la jerarquía y relación entre páginas.

Jeffrey & Bryan Eisenberg (hablamos de ellos brevemente en la etapa de persuasión) introducen el concepto de arquitectura

---

[31] Disponible en https://studio.uxpin.com/ebooks/web-ui-design-best-practices/

persuasiva en su libro 'Waiting for Your Cat to Bark?' (y en ediciones actualizadas de 'Persuasive Online Copywriting'[32]) como metodología para **alinear los objetivos de la empresa (vender) con los del usuario (comprar)** de manera que los procesos de venta se adapten a las necesidades de los compradores (proceso de decisión de compra).

Los **beneficios** de enfocar la web de esta manera son bien claros y apetecibles para cualquier empresa:

- Más **ventas** del tráfico que ya tienes.

- El **coste de adquisición de clientes** (CAC) baja.

- La **retención** de usuarios sube.

- El valor del cliente en el tiempo (Customer Lifetime Value o CLV) sube.

Precisamente estos parámetros los veremos más adelante como formas de medir los resultados de los contenidos. Interesante, ¿no? Pero, antes de aplicar la arquitectura persuasiva a tu web, has de tener claras tres preguntas básicas:

- **¿A quién hay que persuadir?** Las user personas para diseñar el escenario de navegación.

- **¿Qué acciones ha de realizar esta persona?** Algunas serán propias del proceso de venta y otras de su proceso de decisión.

- **¿Cómo es más efectivo persuadir a esa persona** o cómo se sentirá más segura de realizar la acción que quieres que haga?

Si tienes claras estas respuestas, tendrás mucho ganado para seguir los 6 pasos que propone Eisenberg. El más importante es el primero y consiste en **identificar el valor de la empresa y expresarlo de manera que importe al usuario** así como conocer el proceso de compra y las características del visitante.

---

[32] "Persuasive Online Copywriting" Bryan Eisenberg, Jeffrey Eisenberg, Lisa T. Davis, ed. Wizard Academy Press (2002).

En este punto es cuando hay que **definir las personas y los escenarios posibles**, es decir, todos los pasos por los que pasará el usuario para conseguir su objetivo. Por ejemplo, si quiere comprar, desde qué le lleva a empezar el viaje a que lo completa con la conversión a cliente. Pero recuerda que también puede querer simplemente recopilar información o que ya fuese cliente y quiera leer un post. Además, hay que tener en cuenta que los viajes no siempre son lineales y que el usuario puede moverse libremente en cualquier dirección.

El segundo paso es trabajar el wireframe entendido aquí como el **mapa de las interacciones que puede hacer el usuario:**

- **Llamadas a la acción** que guían directamente hacia la conversión, tanto a nivel micro como macro.

- Enlaces a páginas creadas expresamente para **resolver sus dudas** (por ejemplo, las preguntas frecuentes o FAQ) y que le devolverán al proceso.

- Contenido que se despliega **dentro de la propia página** para que el usuario no abandone el proceso de compra (por ejemplo, el texto que se muestra al pasar sobre un icono de interrogante) o enlaces insertados en el texto para ampliar información y que no todo el mundo necesita.

El resto de pasos son los que ya vimos al crear una web: maqueta, prototipo, desarrollo y optimización (éste empieza desde el momento en que ya pueden recogerse datos para testear).

Resumiendo, la arquitectura persuasiva sirve para **planear, diseñar, desarrollar y optimizar** la persuasión de todos los elementos que conforman tu web. Puedes hacerlo así desde el inicio o ir trabajando poco a poco en las mejoras.

CRO

Cuando la optimización de los contenidos se enfoca a **mejorar la conversión**, hablamos de Conversion Rate Optimization (CRO). Conviene separar entre las estrategias para lograr más tráfico (por ejemplo, marketing de contenidos o email marketing) y los cambios que pueden hacerse para que ese tráfico sea más rentable.

Nos fijamos entonces no tanto en el número de visitas si no en la tasa de clicks (Click Trough Rate o CTR) que lleva a sumar más leads o compras.

La optimización puede hacerse en **cualquier pieza de contenido**: newsletters, anuncios de AdWords o Facebook, landings o páginas de producto, formularios de registro, carritos de la compra… Y dentro de ellas, **cualquier elemento** y su disposición en la página son modificables como botones o llamadas a la acción, imágenes, colores, titulares, microcopy, formato del texto…

El **proceso** para aumentar la conversión sigue varias etapas:

- Identificar **el problema**: por ejemplo, en las estadísticas web se ve que una página tiene visitas pero un abandono más alto de la media lo que hace que tenga una tasa de conversión baja.

- **Medir y analizar** la pieza: utilizando un mapa de calor puede verse que los usuarios no prestan suficiente atención al lugar donde está situado el botón, por ejemplo.

- Formular **una hipótesis**: ¿qué pasaría si cambiásemos la imagen y la llamada a la acción? ¿Y si pusiésemos algún indicador social, testimonio o indicador de escasez? Recuerda los 6 principios de persuasión que vimos en la etapa final del funnel en el nivel intermedio.

- **Testear** las opciones: una herramienta básica es el test multivariable que permite probar y medir cambios para identificar el que proporcionaría mayor conversión.

- **Implementar** la mejor solución: el círculo se cierra publicando los cambios y empezando de nuevo el análisis para detectar otros lugares de mejora.

La optimización de la conversión se basa tanto en datos estadísticos (Google Analytics, KISSMetrics, Woopra, Unbounce…) como en el comportamiento de los usuarios (CrazyEgg, Qualaroo…), por eso tiene elementos comunes con la analítica web y la usabilidad.

También está vinculado con lo que se conoce como **growth hacking**.

Aunque éste término se relaciona con marketing para start ups porque su objetivo es dar a conocer el producto al mayor número de clientes potenciales en el menor tiempo posible y con los pocos recursos que suelen tener las empresas que empiezan, puede aplicarse más concretamente a los contenidos.

La figura del **content hacker** es definida por CoSchedule como una mezcla de content marketer y growth hacker[33]. Es decir, sería responsable de muchas de las tareas que hemos descrito del copywriter, experto en usabilidad, en SEO, CRO, analítica… En otras palabras, debe conocer los datos pero también utilizar la creatividad para resolver los problemas.

Plan de contenidos

Ya ha llegado el momento de planificar qué publicar, dónde y cuándo o, en otras palabras, hacer **un calendario editorial a modo de plan de acción**.

Si revisas el cuaderno que llevas utilizando durante todo el libro, verás que en los niveles anteriores hemos hablado brevemente del calendario editorial. Es posible por tanto que tengas algunas notas de las preguntas básicas a que responde este documento:

- **Cuándo** publicar: el día sí debe marcarse pero no siempre sabremos la hora. Por ejemplo: los lunes a las 10h envío mi newsletter pero no sé cuándo publicaré en Twitter.

- **Qué** contenido publicar: se puede indicar el tema o alguna palabra descriptiva pero el detalle dependerá de cada formato. Por ejemplo: algunos contenidos pueden traducirse a otro idioma, otros necesitar maquetación, diseño o montaje en vídeo.

- **Dónde** publicarlo: cada canal puede marcarse con un color o icono para identificarlo.

---

[33] Tienes más información en su post http://coschedule.com/blog/growth-hacking-content-marketing/ e infografía http://coschedule.com/blog/growth-hacks/

El calendario puede incluir el responsable de cada fase, el objetivo de marketing o los perfiles de las personas a las que va destinado.

Puede ser tan completo como se necesite pero sin perder la **practicidad** porque se dejaría de actualizar y ya no serviría.

Además de pensar en la **frecuencia mínima** para dar difusión a tus productos o campañas especiales, hay diferentes formas de enfocar este plan para tener los contenidos ordenados en el tiempo:

- **En serie**: cuando aprovechamos un **tema** y lo explotamos.

- **Reciclando**: cuando aprovechamos un **formato** y lo explotamos.

- **Digitalizando**: cuando mezclamos canales digitales con **tradicionales.**

Todas estas formas dependen de ti, de tu empresa. Pero también hay que contar con que **las acciones del usuario** influyen en el calendario. Por ejemplo, en el caso del email marketing, puedes dejar que decida si quiere recibir tus noticias semanal o mensualmente; los mensajes transaccionales que le envíes dependerán de cuándo compre o interactúe con tus plataformas; y le enviarás mensajes automatizados (lead nurturing como veremos más adelante) con otra frecuencia.

Además, no has de pensar solo en un plan semanal que te permita organizarte en el día a día. Un calendario puede prepararse para **más largo plazo** como un mes o incluso un año si sabes con antelación fechas específicas que influyen en tu empresa (eventos, lanzamiento de productos…) o en los contenidos. Anticiparte es una buena forma de asegurar que la máquina de generar contenidos no se detenga.

Serializando

Una serie no es más que un conjunto de algo que va entregándose cada cierto tiempo. En las series de televisión son capítulos, en las webseries son webisodios y al hablar de contenido serializado son piezas. La forma más sencilla de verlo es un **contenido extenso que se dosifica en píldoras más pequeñas**. Por ejemplo:

un artículo largo que se desarrolla en 2 o 3 posts o una serie de podcasts, vídeos o webinars sobre un tema concreto como si fuesen capítulos de una serie.

Para lograr un buen contenido seriado, has de fijarte muy especialmente en el **tema** que vas a tratar. Tienes que asegurarte de que dará juego para **varias piezas separadas en el tiempo**. Para eso, un índice te servirá de guía porque conecta los puntos de principio a fin de la serie.

Claro que también hay quien 'se da cuenta' después de acabar el primero que 'necesitará' un segundo artículo.

Usa el calendario para marcar **cuándo se publicarán las diferentes partes** y no perder el ritmo ni el sentido del contenido (¿en qué parte traté aquello?) ni del propio canal (¿tengo que continuar con este tema o puedo intercalar otra cosa?). Por ejemplo:

- Un **post** dividido en 4 partes diferentes cada lunes por la mañana.

- Un **guía** que recopile posts cada primer martes de mes.

- Un **podcast** sobre un tema concreto cada miércoles a última hora de la tarde.

- Un **webinar** cada tercer jueves de mes a primera hora de la tarde.

- Una **newsletter** cada cuarto viernes de cada mes al mediodía.

Con este tipo de contenidos puedes **pensar a largo plazo**. Las series son contenidos de alta **fidelización**. Cumplen con el objetivo de retener al usuario o lector (si el tema les interesa, claro). Pero sin pasarse: hay que intercalarlos con contenidos que empiecen y acaben. No todo pueden ser telenovelas interminables.

Una newsletter y un blog están enfocados a serializar el contenido: cada envío y cada post son pequeñas piezas. También las actualizaciones en redes sociales pueden considerarse de la misma manera pero la mayoría de las veces acaban siendo **elementos individuales**: ¿cuántos tuits continúan en otro? Solo los hilos.

Hacer contenidos seriados te permite organizar tu día a día para no descuidar ni canales ni usuarios. Como siempre, mi recomendación es intentar no abarcar **muchos canales**.

Reciclando

Otra forma de planificar cuándo publicar una pieza es incorporando el contenido reciclado a tu calendario editorial. Es una de las muchas formas y, de hecho, es la más rápida porque supone **aprovechar el contenido que ya tienes**. Solo has de pensar en cómo darle una nueva vida con otro formato y listo: eso es reciclar.

Para organizarte, es tan sencillo como dejar un poco de hueco dentro de tu calendario para esos contenidos reciclados. O, en otras palabras, reducir una parte de la creación para utilizar mejor lo que ya has creado. ¿No te parece una buena idea esto de **sacar el máximo rendimiento al esfuerzo que supone la creación de contenidos**?

Pongamos que tienes un blog donde publicas **un post a la semana**, por ejemplo, los martes. También tienes dos perfiles en redes sociales, en Facebook y Twitter, donde vas intercalando a diario enlaces a contenido de terceros con autopromoción de tu negocio o de tus contenidos y también **alguna idea propia** (pongamos una a la semana solo de este último tipo, digamos los jueves).

Resumiendo: al mes, publicas 4 posts y 4 actualizaciones sociales originales. Lo que supone **incorporar el reciclaje es reducir**, por ejemplo, una cuarta parte de la creación. Así, quedarían en 3 posts y 3 actualizaciones sociales. A efectos prácticos, después de unos meses publicando contenidos originales, podrías hacer lo siguiente:

- La primera semana del mes, por decir una fecha posible, utilizar una frase destacada de un post antiguo, arreglarla en formato imagen y compartirla como un tuit. Ni siquiera hace falta que la enlaces al post, sería un contenido nuevo.

- La última semana del mes, sigo con la hipótesis, recuperar los tuits originales, darles forma con un hilo conductor y publicarlos como un post. Tampoco necesitas decir que lo has sacado de tus propios tuits, repito, es contenido nuevo.

Evidentemente, cuantos más **contenidos originales** hayas publicado, más reciclaje podrás hacer y más tiempo ahorrarás. Una recomendación imprescindible es que pienses desde el principio en este uso para tus contenidos. De esta manera, podrás ya empezar a esbozar ideas en tus tuits que después podrás aprovechar.

Digitalizando

Hubo un tiempo en que había diferencia entre departamentos on y off. Pero, ¿cuál es la **diferencia entre cualquier contenido offline y su versión online?** Por ejemplo, ¿hay alguna diferencia entre que te hagan un reportaje en la tele y grabar un vídeo por tu cuenta?

Partiendo de que, hoy en día, las dos cosas acabarán colgadas en YouTube para ganar más audiencia, sí las hay: en la primera posiblemente tengan más **experiencia** y conocimientos técnicos y, por definición, una **audiencia** mayor; mientras que la segunda habrá más **libertad creativa** y de guión para **contar lo que quieras como tú quieras** y, aunque siempre hay excepciones, una audiencia potencial inferior.

Si tuvieses que elegir, casi seguro que preferirías lo offline porque te permite llegar a más gente, ¿verdad? Obviamente, la mezcla de las dos cosas sería lo ideal. Pero no siempre se tienen los **recursos** o contactos para ser bien acogido en el mundo offline y por eso los medios sociales han ayudado tanto a las empresas pequeñas (y a las grandes): no es gratis pero nadie puede negar que es más barato.

Aclarado este tema, es importante que tu calendario del mundo offline vaya acorde con el online. Por ejemplo, en lanzamientos o presentaciones de producto, asistencia a ferias del sector, entrevistas en medios, etc.

Todavía hay muchos contenidos que se distribuyen en **canales tradicionales**. Concretando en tipos de contenidos, todo lo offline puede convertirse a lo online. Tres ejemplos:

- **Revistas corporativas:** pueden trasladarse tal cual a Issuu, ofrecerlas en descarga directa en PDF y hasta trocearlas para hacer blogs o newsletters.

- **Presentaciones corporativas** que (bien hechas) también incluyen alguna pantalla orientada a algo que no sea tan comercial: pueden igualmente digitalizarse en SlideShare o infografías si se han hecho gráficos interesantes.

- **Manuales de producto:** suelen descargarse en PDF pero pueden ser temas perfectos para webinars y vídeos que expliquen su uso.

Pero, ¿funciona a la inversa? ¿Lo online puede ser offline? ¡Por qué no! Claro que el formato habrá que adaptarlo (siempre que se cambia de canal, sea el que sea) pero es posible. Otros tres ejemplos:

- Los artículos de una **newsletter** o un **blog** son publicables en prensa como firma invitada (pagando si hiciese falta).

- Una **web o microsite** se convierte a un tríptico fácilmente (a sumar los costes de diseño e imprenta).

- Cualquier documento tipo **white paper o ebook** puede imprimirse en revista o en libro de pocas páginas (con los costes editoriales que se quieran).

Para que la digitalización funcione, es básico tener un calendario global que muestre tanto las piezas online como las offline. Pero insisto para los que no me hayan oído nunca decirlo: **primero el mensaje, luego el canal**. Así que menos separar el on y el off y más pensar en aquello que quieres comunicar.

Autopromocionando

Aunque el marketing de contenidos y la autopromoción son conceptos opuestos, conviven en los contenidos de cualquier empresa. A la hora de rellenar el calendario, ambos para que **todo lo que se publique vaya hacia el mismo objetivo**. Por ejemplo, si una semana hay un lanzamiento de un producto, se publicarán más mensajes comerciales de lo habitual. Pero puede seguir haciéndose marketing de contenidos que sirva de complemento a la autopromo.

Otra cuestión es que a las empresas les gusta hablar de sí mismas pero les cuesta **ceder su espacio** a mensajes no comerciales. Por eso, los límites se desdibujan y se quedan en un punto intermedio.

Más marketing de contenidos

El marketing de contenidos trata sobre lo que interesa a tu audiencia. Ofrece contenidos educativos que ayudan y aportan valor al lector y cliente potencial. El formato no influye para determinar 'cuánto' marketing de contenidos 'tiene' pero quizá sí puede variar el porcentaje si valoramos el origen del contenido:

- **Creado por terceros** y recomendado por la empresa. Cuando seleccionamos y compartimos contenido (siempre según el tema dictado por la estrategia) **sin que se nos mencione expresamente** ni tengamos relación con la fuente de información, estamos haciendo curación de contenidos. Por ejemplo, un retuit con una infografía o vídeo sobre tu sector en general… y sin que te mencionen. Recuerda que filtrando contenidos también se transmiten mensajes corporativos porque se seleccionan con un cierto criterio, aunque tu identidad y opinión más personal quedará diluida porque no tendrás una **voz propia.**

- **Creado por la empresa**, sin hablar directamente de ti aunque, está claro, sí dentro de los temas que te son propios. Por ejemplo, el branded content sería un tipo de contenido de este tipo porque es un contenido (normalmente de entretenimiento) enfocado a transmitir la esencia de la marca y no tanto a explicar sus beneficios funcionales. Eso sí, recuerda que marketing de contenidos y branded content no son lo mismo aunque tengan cosas en común.

Como ejercicio complementario al que hiciste al iniciar este capítulo, te recomiendo que revises los contenidos que publica tu competencia para ver si utiliza más contenido propio o de otros.

Menos autopromo

En el otro extremo del marketing de contenidos, está el **contenido corporativo orientado a autopromoción.** Es aquel que habla de tu producto tan claramente que acaba con una llamada a la acción relacionada tipo 'compra ahora' o 'en oferta'. El formato influye y podría considerarse una variable **quién habla de nosotros:**

- Cuando somos **nosotros mismos** hablando de nosotros mismos. Puro ego y necesario para darse una alegría de tanto en tanto. Por ejemplo, cuando nos dan un premio o ganamos un cliente importante.

- Cuando lo hacen **otros** parece menos promocional. Pero puede darse el caso que la fuente que estamos citando sea conocida por nosotros o tengamos algún acuerdo con ellos. Por ejemplo: un partner, un patrocinador o incluso un empleado al que le vamos haciendo retuits regularmente. Quizá no lo hemos provocado pero se convierte en autopromo cuando lo compartimos en nuestras redes sociales. Un ejemplo típico sería un retuit de alguien que dice que nuestro producto le gusta. Siendo sinceros, es promo pero escudada en que lo han dicho otros.

También hay quien considera el contenido propio como una forma de curation cuando hacemos el proceso de selección y publicación en nuestros canales pasado un tiempo desde la publicación. Por ejemplo, un post mensual con los mejores posts de este mes. Para mí, eso no se puede considerar curation: básicamente es **promoción de nuestra propia marca**.

Buscando el equilibrio

El contenido promocional es el más fácil de generar por las empresas: es más sencillo hablar de uno mismo que de los demás. Pero no debería ser siempre así. El equilibrio es la clave del éxito para una buena estrategia. Encontrarlo depende de cada estratega así que **no hay fórmulas mágicas**. Puede ser 50-50 en algunos casos, en otros será 70-30 o quizá 20-80 porque cada momento de la empresa es diferente.

La forma más habitual de mezclar las dos cosas es hablar de algo que interese a la audiencia (marketing de contenidos) pero llevándolos hacia un contenido propio (autopromo). Por ejemplo:

- En un espacio (aparentemente) limitado como un tuit puede hacerse con una frase de información general y un enlace a contenido propio. Por ejemplo, una noticia del día pero enlazada a algo que publicaste hace un tiempo.

- También en Instagram aprovechando la imagen para incluir el producto o logo cuando se comparte una frase inspiradora. Por ejemplo, creando un margen del color corporativo y poniendo el logo en un lado.

- O, más común, un post educativo que termina con un sutil recordatorio de que la empresa vende algo relacionado. Por ejemplo, un pequeño banner que incluye una oferta o un enlace a descargar contenido similar.

Sea como sea, hay que equilibrar las llamadas a la acción con la información para que la autopromo no moleste a tu audiencia.

Marketing para contenidos

La promoción de la propia empresa es algo que todo el mundo da por hecho que hay que hacer. Pero también hay piezas de contenido que merecen tener su propia campaña de promoción y, por tanto, deben tenerse en cuenta en el calendario para que no entre en conflicto con cualquier otra acción. La **inversión** en el marketing para contenidos no suele justificarse con piezas, digamos, cotidianas o de poco valor. Pero sí tiene sentido cuando se trata de las que te ayudarán a conseguir tu objetivo.

Hay diferentes maneras de promocionar los contenidos que has creado. Cada canal tiene su forma orgánica de hacerlo. Por ejemplo, el SEO para buscadores, el uso de hashtags en redes o fijar una actualización en los perfiles. Pero también podría hacerse **un pequeño plan de marketing** que incluya los canales y las fechas de las acciones:

- Cada **red social** tiene su catálogo de opciones publicitarias y cualquier actualización puede convertirse en contenido que pagarías por destacar. Si tienes un calendario de acciones tipo paid, tendrías que incorporarlo al de los contenidos.

- Los **buscadores** (vía AdWords) son muy utilizados para anunciar páginas web corporativas; son algo menos usados para dar a conocer eventos o aplicaciones móviles; pero muy pocas veces se utilizan para, por ejemplo, promocionar un post o el registro a una newsletter.

- Las **relaciones públicas** con influencers son otra opción que puede serte útil para ayudar a dar más difusión a un contenido. Puedes, por ejemplo, enviarles tu ebook para que lo conozcan o, incluso anteriormente, pedirles que colaboren en su creación con alguna frase, entrevista o artículo. Siempre con tiempo, claro.

Antes de continuar con la organización del calendario de este plan para tus contenidos, conviene dejar clara la diferencia entre marketing para contenidos y marketing con contenidos. La **publicidad nativa** (native advertising) lleva años haciéndose (advertorials, publicity) pero ha sido por los medios sociales y la aparición de empresas especializadas en la difusión de contenidos por esta vía que se está extendiendo más su uso. Básicamente porque han introducido formatos publicitarios (native ads) que utilizan el mismo diseño que los contenidos que publica un usuario cualquiera. Por ejemplo, una campaña de banners se ve muy diferente a un post. Pero, cuando hay dos artículos en el mismo blog, ¿cómo saber si alguno de ellos está patrocinado?

El marketing con contenidos y el marketing de contenidos algunas veces se parecen. En el primer caso, el contenido debería ir marcado como contenido promocionado ya que es la empresa, por ejemplo, la que proporciona el contenido a un blogger para aparecer como firma invitada promocionando un producto. En este tipo de artículos, el tono comercial es lo habitual y claramente no lo tiene el marketing de contenidos y por eso éste es el que gana más la confianza del usuario que la publicidad nativa.

Aclarada esta diferencia y volviendo al calendario para promocionar tu contenido, otra forma de organizarse es la que propone Relevance con 'The Content Promotion Ecosystem[34]'. De su gráfico me gusta la idea clasificar la forma de **promocionar el contenido según el medio que se utiliza**, es decir, casi por formato:

- Cobertura periodística y de influencers (**earned**).

- Distribución publicitaria de recomendaciones (**paid**).

- Difusión masiva en redes sociales (**owned**).

---

[34] http://relevance.com/introducing-the-content-promotion-ecosystem/

Dentro de estos tres grandes círculos, incluyen empresas que ofrecen servicios relacionados como BuzzStream o HARO en el primer caso, Outbrain o Zemanta en el segundo y Hootsuite o Buffer en el tercero.

Con estas **tres formas de llegar al usuario** en mente (earned, paid y owned), es fácil trazar un plan de promoción de un contenido asignando los recursos correctos a cada uno de ellos ya que, lógicamente, no tienen por qué utilizarse siempre todos.

Un buen **ejemplo de campaña de promoción** es el que proponen en BuzzStream[35]. De su artículo lo que me gusta es que la promo empieza mucho antes del día de lanzamiento, así se demuestra que la organización es muy importante cuando se habla de contenidos. Plantean **7 etapas**:

1. Planificación: preparar el mensaje y encontrar la audiencia... tan cercana a la propia creación que empiezan a la vez.

2. Preparar listas: sacar la agenda o buscar influencers y empezar a tenerlos controlados... preparando el terreno de la promo mientras se crea el contenido, aún **a 2 semanas** del día D.

3. Hacer borradores: revisar web, posts, mailings, anuncios... todo lo que se usará para la promo y ya es **la semana antes del lanzamiento** así que también primera versión del propio contenido a promocionar.

4. **Lanzamiento** o día D: publicar, enviar y compartir como si no hubiese mañana para que toda la comunidad sepa del nuevo contenido y tener un ojo atento a comentarios.

5. Seguir haciendo push: durante **la semana del lanzamiento**, continuar compartiendo y avisando a los influencers que se habían identificado previamente y contemplar anuncios pagados.

6. Mantenimiento: aunque con menor presión, no olvidarse del contenido de golpe y dejar lo que podría llamarse un retén de mensajes y de monitorización durante **otro par de semanas después**.

---

[35] http://www.buzzstream.com/blog/content-promotion-campaign-plan.html

7. Aprender con el cierre: cuando se considere que la campaña de promoción acaba, es momento de analizar los resultados y tomar nota para la próxima y así actualizar las listas.

Si en lugar de pensar en los tipos de medios, prefieres organizar la **promoción en función de la etapa en el funnel**, la propuesta del Content Marketing Institute para promocionar un ebook puede servirte de orientación aunque tendrías que adaptarlo si utilizas de origen otra pieza menos extensa[36]:

- Para la **parte alta del funnel**, publica un capítulo del ebook en SlideShare, organiza un webinar sobre el tema, crea una infografía, diseña imágenes sociales con alguna frase destacada…

- Para el **MOFU**, utiliza el ebook como bienvenida para suscriptores de tu newsletter, envíalo a tus clientes potenciales, pregunta a tus partners si te ayudan con la difusión…

- Para la **conversión final**, imprime el ebook para ferias o reuniones con clientes, utilízalo de guía para trazar la estrategia de una llama telefónica comercial…

Por último, aunque más adelante lo veremos, es interesante empezar a llevar la cuenta de **cuánto invertimos en contenidos.** Por ejemplo, si utilizas una tabla para gestionar tu calendario, puedes incluir una columna que sea con el coste de promocionar cada pieza de contenido en los respectivos canales que hayas utilizado.

Anticipando

Paremos un momento con la estrategia de contenidos, piensa en ti: ¿qué vas a hacer dentro de una hora? Puedes seguir leyendo este libro u otro o quizá ya tengas otros planes… ¿Y mañana? ¿Y dentro de 1 semana o el mes que viene? ¿Ya sabes qué harás para celebrar tu cumpleaños o en las próximas fiestas navideñas? Alguna pregunta la habrás contestado quizá **por tener la costumbre** o porque es una fecha cercana.

---

[36] https://contentmarketinginstitute.com/2017/09/things-do-promote-ebook/

Ahora piensa en tu vida profesional. ¿Podrías contestar las mismas preguntas? Quizá alguna sí porque tienes una reunión programada o porque ya tienes un calendario editorial más o menos planificado. Esto implica pensar **más allá del día o del mes** y considerar que hay eventos o fechas recurrentes que marcan tus acciones. Por ejemplo, si sabes que cada año se celebra un Día internacional importante en tu sector, ¿por qué preparas el contenido conmemorativo 1h antes de tener que publicarlo?

El ejercicio que te propongo para planificar tu calendario anticipándote es imaginarte que mañana mismo te vas de vacaciones, coges una excedencia o te cambian de departamento. Elige la opción que quieras según tu situación actual. La idea es que tengas que **dejar programados** algunos contenidos. No creas que no puedes pensar muy a largo plazo. Es posible si dedicas un tiempo a pensar en ello.

Programar contenidos es un acto reflexivo. Incluso cuando estamos acostumbrados a una cierta velocidad, como en Twitter, es conveniente invertir más tiempo del habitual en pensar qué publicar. **¿Qué merece la pena decir cuando sabes que no vas a poder contestar?** Algo atemporal (evergreen content), nada polémico. Y es que el objetivo en estos casos no es conseguir nuevos seguidores o la interacción con los usuarios si no, simplemente, mantener a los que ya se tienen para que al regreso parezca que 'nada ha pasado'.

Obviamente, tanto serializar como reciclar el contenido permite anticiparte a su publicación. En este momento de organizar el calendario, ves un poco más allá y repasa canal por canal, **qué tipo de contenido puedes publicar tanto hoy como dentro de 6 meses**. La curación también puede ser de gran ayuda. Por ejemplo:

- Posts con resúmenes de libros clásicos.

- Infografías con guías y tutoriales atemporales.

- Imágenes para las redes sociales con citas inspiradoras relacionadas con tu sector.

- Vídeos con charlas de autores reconocidos.

- Newsletter que recopile artículos de instituciones con informes o datos interesantes.

La mayoría de canales permiten **programar los contenidos** pero también puedes utilizar una herramienta de gestión de redes sociales como Hootsuite o de calendario editorial como CoSchedule.

Automatizando

Cuando se mezclan conceptos como automatización, marketing y contenidos, dan como resultado prácticas muy interesantes tanto para vender y fidelizar usuarios como para **ahorrar tiempo en la gestión de contenidos** porque solo ha de hacerse una vez. Por ejemplo, en el marketing para contenidos, la automatización puede considerarse simplemente como la acción de programar mensajes en tus diferentes canales. Herramientas como Hootsuite o Buffer te permiten hacerlo muy fácilmente. Además, también puedes combinarlo con plataformas para reciclar y republicar contenido como son IFTTT o Zapier.

En términos de marketing, la automatización se relaciona con el inbound y es una parte fundamental que permite también dejar programados una serie de contenidos. De esta manera, **los mensajes se envían automáticamente** sin que tengas que pensar a diario a cuántas personas has de activar. Esto te ahorra tiempo que puedes dedicar a otro elemento de tu calendario editorial.

Para que funcione, el primer paso es la **recogida de información del usuario** mediante una landing page y un formulario. Antes, lógicamente, puedes usar el marketing de contenidos o cualquier otra vía de atracción de tráfico.

Cuantos más concretos sean los datos que pidas, más opciones de segmentar y hacer **envíos personalizados que aporten algo de valor**. Piensa que, aunque estemos hablando de automatización y parezca impersonal, el software detrás de estos procesos trata a los usuarios de manera individual. Es la etapa del inbound marketing dedicada primero al scoring (calificación según interés) y luego al **nurturing** de leads (su maduración dentro del funnel).

El diseño de la automatización tiene en cuenta las acciones del usuario. Por ejemplo: en el momento que rellena el formulario, **se pone en marcha el workflow**. Se le envía un mensaje de bienvenida que responde a su acción (registro, descarga, solicitud de información…) y se pone en marcha un reloj hasta que, por ejemplo, pase un mes y se le envíe otro mensaje relacionado.

A medida que pasa el tiempo, **los envíos de contenido se orientan más a la venta** porque el usuario está más interesando en tu empresa. Es por esto que podemos decir que se automatiza la parte comercial de la web a través del contenido (o lo que en inbound llaman oferta). Así que cuidado con no caer en el spam porque es mejor no forzar la conversión y cuidar que esos pasos están bien dados.

Hay muchas herramientas para probar el marketing de automatización, según lo que necesites. Por ejemplo: HubSpot es la referencia para inbound pero para presupuestos más ajustados MailChimp permite automatizar emailings (quizá hayas recibido alguno de los que tengo yo programados en mi newsletter). A la hora de valorarlas, intenta pensar en los beneficios de sus funcionalidades y no solo en el precio.

Biblioteca de contenidos

Para algunos, **una biblioteca es un lugar tan sagrado como una librería** porque allí se atesoran libros o los testigos de la cultura e historia de un país. Las bibliotecas públicas cumplen un evidente servicio la sociedad, cuidando de que ese conocimiento llegue en perfecto estado a los ciudadanos que tengan interés en aprender. Las privadas son tan heterogéneas como lo es la misma sociedad y pueden centrarse en un tema, autor, época, corriente literaria…

También hay bibliotecas corporativas. Y no me refiero a que algunas empresas pongan en una estantería libros a disposición de sus empleados. Hablo de **biblioteca de contenidos** (content library) como lugar en el que se almacenan todos los contenidos que genera una empresa. Se puede aplicar en general pero vamos a centrarnos en los recursos pensados para la audiencia: ebooks, vídeos, webinars, podcasts, infografías, guías, tutoriales, informes… también pueden incluirse algunos posts cuando tratan esos mismos temas o si se trata de noticias relevantes del sector. De hecho, hay empresas que incluyen contenido de terceros (content curation) y no solo corporativos.

Para crear una biblioteca de contenidos para tu empresa, lo primero
que has de saber es cuánto contenido tienes (o necesitas) y después
la forma en que quieres presentarlo a tu audiencia.

Etiquetando

Un **inventario de contenidos** es el documento que resulta después
de haber investigado todos los contenidos que tiene una empresa.
Suele ser una tabla que incluye lo que hay en la web pero también
puede mostrar los materiales por digitalizar como pueden ser
artículos de prensa o catálogos de producto. Esta tabla puede ser tan
compleja como quieras porque puede reflejar varias formas de
describir a los contenidos:

- Título, formato, fecha, URL/ubicación, descripción y
  palabras claves que lo resumen.

- Si es original de la empresa, creado generado por el usuario,
  promocionado, curado…

- Qué objetivo cumple, a qué perfil se dirige, en qué
  momento del viaje se encuentra…

- Conceptos más amplios como si es un contenido inspirador,
  instructivo, informativo, entretenido, comercial,
  promocional, atemporal…

- Si provoca un recuerdo, una emoción o una acción, según la
  jerarquía de los efectos.

- Su originalidad y dificultad de implementación, según la
  matriz now-how-wow.

Si al inventario le añadimos una columna que permita categorizar la
calidad o utilidad de ese contenido en concreto, pasaremos de un
documento cuantitativo a uno cualitativo. Así, podremos pasar a
llamarlo **auditoría de contenidos** ya que se le otorga un valor, es
decir, se juzga si merece la pena conservarlo tal cual está, borrarlo,
editarlo para utilizarlo o crearlo de nuevo. Entonces podemos añadir
el estado en el que se encuentra en ese departamento (o en otro si
implica a otras personas) a modo de gestión de proyecto (publicado,
por validar, traducido, pendiente de asignar, maquetado…).

Una forma de **valorar el contenido** es con resultados estadísticos (por ejemplo, veces que se ha visto según Google Analytics), de SEO (en qué posición se encuentra, enlaces entrantes) y sociales (veces que se ha compartido en cada red sociales). Más adelante veremos opciones de medición del contenido pero basta decir ahora que, de esta forma, puedes **establecer prioridades** en las modificaciones a realizar.

Tu auditoría debe reflejar todos los contenidos que puedes usar para tu estrategia de contenidos. Así que si tu empresa lleva cierto tiempo en el mercado es posible descubrir con la auditoria cómo eres ya que **los contenidos deben reflejar tu posicionamiento.**

Si, por el contrario, tu empresa acaba de empezar, tendrás pocos contenidos publicados pero te servirá para saber **cuáles necesitas.** Por ejemplo, si tienes pocas fotos te servirá para valorar abrir un canal como Instagram o Pinterest y si tienes muchos artículos sobre un tema concreto te servirá para descubrir sobre qué pueden tratar tus contenidos.

Por último, es posible hacer este estudio de los contenidos desde dos niveles:

- Macro: fijándote en el árbol de contenidos, en el CMS que se utiliza, los responsables… en general, el objetivo es **poner orden** a todos los contenidos y a estructura interna que los crea.

- Micro: fijándote en una página o recorrido concreto que hace el usuario por la web. En este caso, el objetivo es la conversión, es decir, **los resultados** y su optimización (como vimos al hablar de CRO).

Hacer un inventario y después una auditoria es un ejercicio recomendable, no solo para conocer los contenidos que tienes o los que te interesa crear, también para aplicar ese conocimiento a tu plan de contenidos y dejarlo así mejor organizado.

De auditoría a calendario editorial

Empecemos por construir tu inventario. En las redes sociales todo queda guardado así que puedes recurrir a:

- El archivo de WordPress para **tu blog**

- La copia de seguridad que ofrece **Twitter**

- El registro de actividad que conservan **Facebook e Instagram**

- El histórico de correos para tu **newsletter**

- Los **archivos** almacenados como vídeos, presentaciones, fotos...

Haz una lista ordenada con todo ello antes de pasar a la parte **cualitativa:** añade a esa lista de contenidos una columna extra para la analítica. Repasa cuestiones como:

- ¿Qué contenido ha sido el que más te ha costado de realizar?

- ¿Cuál ha conseguido mayor interacción?

- ¿Alguno ha influido claramente en tu reputación?

- ¿Hay un contenido que haya tenido un impacto directo en la empresa?

Una auditoria puede llevarte semanas si la quieres hacer muy completa o si has generado muchos contenidos. Si no tienes tiempo, **céntrate en lo más importante** y trata de responder a:

- ¿Qué contenido **ha merecido la pena** hacer y cuál no?

- ¿Qué tienen **en común** los contenidos que han funcionado mejor?

- ¿Hay alguna **época del año** que te haya ido mejor en cuanto a resultados?

- ¿Qué contenido podrías volver a **aprovechar** y cuál es mejor olvidar?

Esta información te puede ser útil para **planificar tus contenidos**: convierte en una serie, recicla, digitaliza o promociona los que mejor te hayan funcionado. No se trata de replicar lo que se ha hecho sin más, si no de aprender: una auditoria te servirá para no repetir errores, como dedicar mucho esfuerzo a contenido que no ha conseguido ninguna respuesta.

Almacenando

El acceso a la biblioteca de contenidos puede ser libre para todos los visitantes de la web y así lograr una mayor exposición de tu marca. Pero, como vimos al hablar de conversión, si el objetivo es lograr leads, puede resultar útil poner alguna **barrera de acceso**, como el registro simplemente por correo electrónico o incluso crear un microsite expresamente para almacenar los contenidos.

Una biblioteca no es más que **un agregador de contenidos corporativos** (content hub). Al centralizar todo lo que publica la empresa en un único lugar, el usuario tiene a su disposición todos los recursos educativos y cualquier departamento debería tener acceso a ella.

Por ejemplo, Atención al cliente (en B2C) o Pre venta (B2B) pueden utilizar la biblioteca de contenidos para enviar allí a cualquiera a resolver sus dudas. Es por esto que el contenido debe ser lo más atemporal posible (evergreen content) porque de lo contrario el usuario se sentiría desvinculado.

Piensa en el usuario como en un estudiante ávido de conocimiento que acude a disfrutar de tu biblioteca. La primera vez que entra en ella, el tamaño le puede cohibir pero a medida que vaya consumiendo el contenido estará más preparado para **confiarte su compra**. Además, también puede ser una **herramienta de fidelización** de manera que cada cierto tiempo has de dotarla de contenidos nuevos.

Tener esto en mente a la hora de hacer el calendario es básico para combinar, por ejemplo, las nuevas incorporaciones al catálogo con sus respectivas notificaciones por correo electrónico.

Algo trascendental para que esta biblioteca funcione es que toda la empresa esté implicada en ella, tanto para producir como para dar a conocer esos contenidos.

Cultura del contenido

La cultura del contenido (culture of content) supone un cambio en las organizaciones y en cómo se acercan a diario a los contenidos.

Es un concepto sobre el que, de acuerdo con un informe de Altimer[37], se asienta **la estrategia de contenidos.** Así que es algo más allá de que utilices los contenidos en tu día a día. Una empresa demuestra que tiene una cultura del contenido cuando:

- La importancia del contenido se divulga **por toda la empresa.**

- El contenido es compartido y accesible por cualquiera.

- La creación y la creatividad **se fomentan.**

- El contenido **fluye en todas las direcciones** de la jerarquía de la empresa.

Queda claro que esta propuesta lleva al contenido a sobrepasar la **barrera del departamento** y que no puede dejarse en manos de una sola persona: es trabajo en equipo, un engranaje. Es por esto que la sitúo en el nivel avanzado de madurez y posiblemente te suene a que solo es para grandes empresas.

Quizá practicar una cultura del contenido tiene más sentido cuando hay más de una persona pero también **los autónomos** necesitamos una estrategia de contenidos para no perder de vista los objetivos. Y, como creadores de esos contenidos, también nos conviene tener una guía a seguir. Funciona a otra escala pero, aunque seamos pequeños, también podemos creer en la cultura del contenido.

Lo más importante es crear **un clima de trabajo adecuado**: transparencia y la confianza necesaria para que todos puedan ayudar a la creación y distribución de contenidos porque creen y no porque 'es lo que me pide el jefe'. La recomendación de Jay Baer es centrarse en una persona del departamento que crea en ello y trabajar conjuntamente[38]. Eso es minar desde el interior… y me gusta (alguna vez lo he probado con clientes y funciona).

Después basta con intentar motivar al resto con una sutil competición ¡y ya está en marcha el EGC (Contenido Generado por el Empleado)!

---

[37] ebook "A culture of content" disponible en http://www.altimetergroup.com/2014/12/a-culture-of-content/
[38] http://www.convinceandconvert.com/content-marketing/egc-is-the-key-content-marketing-trend/

Todo esto **puede incentivarse** con cualquier herramienta colaborativa. Se trata de que exista un repositorio para los empleados donde puedan descansar los contenidos y las ideas hasta que se las desarrolle o publique. Pueden comentarse en reuniones de empresa, departamento o del comité editorial. Sería como la biblioteca de contenidos pública, pero interna.

He dedicado un libro completo a la metodología para organizar tu empresa alrededor de los contenidos: "Cultura del contenido" (solo disponible en Amazon, papel y Kindle).

Organización interna

Cada empresa establece su propio organigrama y en algunos casos puede ser muy complejo. Históricamente, la **jerarquía** más habitual es una estructura vertical con una clara autoridad de la cadena de mando dentro de cada departamento. Se dice en estos casos que es una **empresa funcional**, preocupada por evaluar a los trabajadores de manera individual.

Las organizaciones horizontales, en cambio, trabajan por **tareas** de equipo, lo que les permite ser más flexibles. En este caso, se gestionan **procesos** que llevan a conseguir los objetivos estratégicos de la empresa.

El tamaño importa a la hora de organizar una empresa, crear sus departamentos y asignar cualquier **cargo**. Éstos han de servir para situar a cada persona dentro del organigrama corporativo y describir sus tareas. Pero, aún con cargos aparentemente sencillos, puede ser difícil. Por un lado, hay muchas personas implicadas en los contenidos y su relación no siempre es tan evidente como si trabajasen dentro del mismo departamento.

Por el otro, aunque hay una serie de cargos que ya se han aceptado en el mercado laboral, hay muchas para describir tareas más detalladas (como el content curator o el Chief Storyteller Officer) o más generales (como el content manager o el Director de contenidos).

Perfiles y tareas

Ya vimos en el nivel básico que se puede ser redactor sin ser periodista pero está claro que alguien especializado en ello obtendrá mejores resultados, por eso recurrimos a la externalización en el nivel intermedio. Optimizar es el objetivo de este nivel así que vamos a ver qué tareas rodean los contenidos y qué perfiles son los más adecuados.

En general, algunas **habilidades** que se espera de alguien que está en contacto con los contenidos serían:

- Dominar el tema sobre el que se trabaja.

- Ser capaz de escribir mensajes claros que transmitan valores y no solo informen.

- Orientarse a convencer y persuadir para la venta.

- Organizarse para ser eficiente.

- Trabajar bajo la presión de un calendario que cumplir.

- Conocer las tendencias de marketing, canales, contenidos…

- Entender los datos que generan los contenidos.

- Escuchar a la audiencia y responder con nuevos contenidos.

- Pensar visualmente y en varios formatos.

Ann Rockley propone agrupar las habilidades de un content strategist en dos de manera que separa las tareas entre las que tienen que ver con **la creatividad y las más técnicas**[39]:

- Orientadas a la **experiencia del usuario** (front-end content strategists): define personas y customer journeys, analiza la relación entre necesidades del usuario y estrategia de negocio, elige el mejor formato del contenido, desarrolla Guía de estilo y lista de palabras clave.

- Orientadas a la **organización interna** (back-end strategists o intelligent content strategists): identifica cómo reciclar el contenido entre formatos, define la estructura del CMS,

---

[39] http://contentmarketinginstitute.com/2016/02/types-content-strategist/

estructura la biblioteca de contenidos y adapta el contenido a varios canales.

Algunas de estas habilidades se encuentran en **ofertas de trabajo** que publican las empresas. Pero también es cierto que se mezclan muchas de las tareas que hemos visto buscando una habilidad que podría resumirse como 'malabarista multidisciplinar y polifacético'. Trabajar en equipo es una solución más fácil que encontrar a alguien capaz de hacerlo todo, todo y todo de manera eficiente.

Equipos de trabajo

Todas las personas que entran en contacto con una pieza de contenido no tienen por qué estar en el mismo departamento. De hecho, muchas veces ocurre lo contrario. Hay varias formas de **organizar los contenidos dentro de una empresa**:

- Equipo 100% de contenidos dentro de la empresa.

- Personas en diferentes departamentos (marketing, publicidad, RRPP) quizá orientados solo canal (por ejemplo, email marketing o social media marketing) sin una dedicación concreta a los contenidos.

- Equipo pequeño dentro de la empresa que externaliza las tareas y se encarga de supervisar el resultado de la estrategia que ellos mismos han definido.

Empezamos este libro siendo 1 persona con ganas de utilizar los contenidos y así es la mayoría de las veces. Si a esto le sumamos la baja externalización de las tareas propias de los contenidos, nos da un perfil bastante solitario, no un 'departamento de contenidos'.

Esto tenía sentido en nivel básico e intermedio. Ahora, a medida que hemos ido avanzando, **el equipo habrá ido creciendo** y más personas habrán aceptado realizar alguna tarea relacionada con los contenidos. Según los recursos que asignemos, pueden ser 3 o 10, de comunicación, de marketing o de cualquier otro lugar.

Hay muchas personas que trabajan de una manera u otra con los contenidos. Hemos visto unos cuantos a lo largo del libro: redactores, curators, community managers, SEO, creativos, diseñadores gráficos, content hackers, especialistas en CRO, en usabilidad, programadores... No importa tanto de dónde vienen si no **cómo se van a organizar.**

En eConsultancy han clasificado alguno de estos perfiles en una matriz según su creatividad, relación con la audiencia, reporting... Así, un curator sería el que proporcionaría inspiración a los contenidos mientras que en el extremo opuesto estaría el community manager que daría feedback de los usuarios a la empresa. O, en un lado estaría el director de contenidos (Chief Content Officer o CCO) al que se reportaría mientras que en el lado opuesto encargado de la ejecución estaría el optimizador de los contenidos (SEO, CRO)[40].

En LinkedIn organizan los perfiles de marketing como si fuese una banda de rock: el social media manager es quien canta, el content marketing manager es quien escribe las letras de la canción, el SEO manager sienta las bases de la banda desde la batería y el lead manager es el guitarrista capaz de hacerse un solo. Todos tienen su papel para que funcione el departamento.

Organizar al equipo puede ser complejo si no hay una figura como el content strategist que las supervise y se asegure de que los contenidos se tienen en consideración en todo momento.

Atención al cliente

Como has visto, la mayoría de las veces los contenidos se relacionan con departamentos de marketing o comunicación, incluso ventas. Pero el de atención al cliente también puede ser muy útil para los contenidos.

El marketing de contenidos depende para lograr el éxito de conocer bien a las personas. Si no se conoce a la audiencia, es difícil elegir el mejor contenido para publicar o la forma de explicar los mensajes corporativos. ¿Y quién se relaciona a diario con esa audiencia? Da igual si es por teléfono, email o por DM: **quien atiende al cliente es quien mejor conoce sus preocupaciones.**

---

[40] https://econsultancy.com/blog/65369-introducing-the-content-marketing-team-matrix

Lo importante es que no solo sabe qué interesa o trae de cabeza a los clientes: **conoce la solución**, lo que aún es más fundamental. Así que este puesto dentro de la empresa debe saber dónde encontrar los contenidos que resuelven las dudas de clientes y potenciales clientes. Puede ser un post, un ebook o un vídeo, el formato tampoco es relevante en este momento.

Una herramienta de trabajo básica para atender como es debido a los clientes es un inventario del contenido corporativo o biblioteca. De esta manera, solo **hay que dirigir al usuario hacia ella** de manera que siga profundizando por su cuenta en su duda, si es que lo necesita.

Todo esto implica que también este perfil es capaz de crear esos contenidos porque sabe qué necesita el usuario y también su propio puesto **para resolver mejor las dudas**. Está claro que no tiene por qué redactar, por ejemplo, los posts él mismo pero sí puede recomendar la publicación de una u otra temática.

Procesos ordenados

Una buena forma de empezar a organizar los contenidos de una empresa es analizar cómo se está trabajando actualmente el contenido. Esto implica **seguir todos los procesos internos** y las personas que participan, desde que se piensa hasta que deja de estar de actualidad, cada una de las piezas de contenido que haga la empresa: posts, tuits, newsletters, infografías, webseries, aplicaciones... Quizá haya tareas de una sola persona o estén compartidas (más adelante veremos que hay diferentes herramientas para gestionar y asignar estas tareas para trabajar más eficientemente). Pero es importante conocer las formas de trabajar para poder mejorar.

La manera en que está organizada la empresa marcará el inicio: **¿quién lidera el departamento de contenidos?** ¿A quién se le ha ocurrido que la estrategia de contenidos es una buena idea? ¿De quién es la responsabilidad de poner en marcha el proceso de creación? ¿Quién da el pistoletazo de salida a las nuevas acciones? Puede ser una persona que lo comente en una reunión dentro de la propia empresa o quizá sea un proveedor externo quien lo propone.

Pero desde que nace la idea a cuando se hace realidad puede pasar un tiempo. De nuevo, cada empresa lo gestionará a su manera pudiendo incluso sacar la cuenta a concurso público. Seguramente todo empiece designando a **un responsable** que tendrá que pedir y valorar el presupuesto de los proveedores, valorar su viabilidad, presentar las opciones para que otros tomen la decisión, crear un equipo interno para llevar el proyecto... La estrategia de contenidos en este momento no es muy diferente a cómo se aprueba la compra de ordenadores o la limpieza de las oficinas: muchos trámites internos que se complican cuanto más se tenga que justificar el gasto.

Para **crear y publicar** la mayoría de contenidos, puede seguirse a grandes rasgos un orden de las tareas muy básico:

1. Identificar los temas

2. Redactar el contenido

3. Diseñar la parte visual del contenido

4. Controlar la calidad: edición del texto, optimización para buscadores

5. Localizar y preparar el contenido para otros mercados

6. Publicar la pieza

7. Archivarla en la biblioteca de contenidos

Este es solo un ejemplo que debería adaptarse a cada pieza. Por ejemplo, quizá un abogado tiene que revisar el texto antes de publicarse o hay que validarlo con otras personas fuera de la empresa. Además, cada contenido tiene sus propias características. Por ejemplo, un vídeo puede necesitar localización de exteriores o la creación de una banda sonora y una app el desarrollo diferente para cada sistema operativo.

Pero, como hemos visto, la publicación solo es el primer paso y entonces empieza la **explotación del contenido**.

Independientemente de que lo haga la misma persona o no, un proceso igual de sencillo que el anterior sería:

1. Publicación directa en redes sociales corporativas

2. Distribución por correo electrónico según la automatización

3. Programación a futuro en las diferentes redes

4. Reciclaje de la pieza en otros formatos e inclusión en la biblioteca

5. Promoción adicional del contenido con anuncios y campañas específicas

El calendario se iría llenando con todas las piezas resultantes (recuerda que también vimos que el trabajo de promoción empieza antes de la publicación y continúa después) y podríamos decir que la máquina de generar contenidos se ha puesto en marcha. Pueden pasar meses hasta dar el siguiente paso pero es necesario establecer procesos para asegurar la correcta **medición de los contenidos**.

1. Revisar el rendimiento de las diferentes piezas

2. Plantear hipótesis de mejora y testearlas

3. Implementar las optimizaciones más exitosas

Ahora que hemos visto a grandes rasgos las tareas que se asocian a los contenidos, repasa la lista teniendo en cuenta tu empresa. Documenta **quién hace qué** y las herramientas que utiliza para hacer su trabajo y gestionar la comunicación con el equipo (correo, Excel, WordPress…). Dibuja un **flujo de trabajo (workflow)** en forma de mapa mental o árbol jerárquico para identificar dónde puede optimizarse los procesos.

Otro aspecto importante a detectar es la manera en que se supervisan estos procesos para facilitar **la toma de decisiones** (governance). ¿Quién decide qué? Lisa Welchman explica en su libro 'Managing Chaos: Digital Governance' cómo contestar a esta pregunta. Empieza implicando a todas las personas responsables de los contenidos (tanto personas dentro como fuera de la empresa, abogados que redactan políticas de privacidad o estrategas que formulan la visión de la empresa) y acaba estableciendo una serie de **estándares** relacionados con los contenidos[41].

---

[41] "Managing Chaos: Digital Governance" Lisa Welchman, ed. Rosenfeld Media (2015). Tienes un resumen en el ebook "Digital Governance: A Primer for Content Marketers" disponible en
http://contentmarketinginstitute.com/education/digital-governance-primer-ebook/

Éstos incluyen:

- **Diseño**: la representación gráfica de la empresa incluye tipografía y colores, pero también imágenes para botones o fondos por ejemplo en redes sociales.

- **Editorial**: el estilo incluye tono, lenguaje o terminología, localización… lo vimos al hablar de la Guía de estilo.

- **Publicación**: la gestión del contenido como sería la usabilidad, accesibilidad o analítica web pero también FTP, CMS, RSS…

- **Plataforma**: dominio, hosting, software en la nube y su seguridad.

De esta manera, las dudas que haya en el día a día podrán responderse más ágilmente que si tuviese que empezarse cualquier proceso de nuevo. Es recomendable pensar en estos **estándares de gobierno** desde el principio porque, tal y como indica Kristina Halvorson en 'Content strategy for the web', son uno de los elementos indispensables de una estrategia de contenidos relacionados con las personas que la ejecutan.

Herramientas de gestión y creación de contenidos

En este nivel, la organización interna es importante para asegurar que todo está correctamente alineado. Además, como hemos visto, no todo el mundo ha de ser ni periodista ni diseñador para crear y publicar vídeos y la externalización es algo natural. Así que te conviene gestionar todo el proceso para asegurarte de que todos los implicados saben qué hacer y para cuándo tienen que entregarse las piezas. Si consideramos los contenidos como un elemento complejo en el que participan varias personas dentro y fuera de la empresa, el **software de gestión de proyectos** como Trello, Notion o Monday es perfecto para organizarte.

A partir de aquí, cada canal tiene sus propios sistemas. En cuanto a las **redes sociales**, HootSuite o Buffer son las más populares porque permiten gestionar multicuenta y, además, programar los momentos en los que quieres que se publiquen los contenidos.

También CoSchedule permite gestionar redes y blog de una manera muy sencilla para asegurar el máximo impacto.

En su momento vimos que es muy fácil ampliar las funcionalidades que vienen de serie en **WordPress**. Hay muchos plugins que pueden ayudarte, desde los que añaden botones sociales para compartir a los que te ayudan a optimizar el SEO pasando por los que crean formularios, landing pages o páginas solo para miembros registrados. Créeme, cuando digo muchos son realmente muchos. Mejor piensa primero qué quieres y luego busca el plugin para hacerlo.

Para la **creación de contenidos** tipo infografías, vídeos, ebooks, newsletters… la lista no es menos corta. Además, también hay que tener en cuenta herramientas de **medición** para optimizar los contenidos, de **automatización** o de **curation**.

Al final, la cuenta total puede salir por un pico al mes, aun considerando las muchas opciones que permiten una gestión integral de todos los contenidos (**content marketing software**). Y decidirse no es fácil, aunque puedes fijarte más allá del precio y ver el ahorro de tiempo que supone. Eso sí, teniendo en cuenta lo rápido que cambian las cosas cuando se habla de productos tecnológicos, no te extrañes si alguna cambia de nombre o de funcionalidades mientras tomas la decisión.

Una última consideración importante: aunque veas una lista enorme de opciones, no has de usarlas todas. La mejor forma de decidirte es documentarte sobre ellas o probarlas (su versión gratuita o una demo) para decidir por tu cuenta. Recuerda que han de servir para **facilitar el trabajo** y no para complicarte la vida.

Innovación en contenidos

Si entendemos que innovar es **cambiar algo** para introducir novedades, podemos pensar que cualquier formato, canal o estrategia es susceptible de ser modificado de manera innovadora para seguir evolucionando la empresa. Ahora bien, si pensamos que innovar solo se aplica a **algo totalmente nuevo**, podemos estancarnos en el 'está todo inventado' y no evolucionar nada.

Miremos al pasado por un momento. Piensa en Twitter (fundado en 2006): ¿te imaginabas que te podrían interesar mensajes de 280 caracteres? Piensa en Facebook (2004) y en Instagram (2010): ¿alguna vez pensaste que te mostrarías tan públicamente a gente que quizá no conoces? Y qué me dices de YouTube (2005), ¿lo veías como un videoclub para alquilar legalmente películas enteras?

La evolución de los canales que se utilizan para distribuir contenidos va muy ligada a la innovación en formatos para esos contenidos. Podemos pensar que se da **un uso innovador de un canal** cuando no hemos visto nada igual antes. Quizá sea por incorporar técnicas de otras disciplinas o por cambiar la manera habitual de aprovechar una funcionalidad.

También la innovación está relacionada con la creatividad porque obliga a preguntarse 'y si…' o 'por qué no…'. Y eso no suelen hacerlo personas que tienen miedo a explorar nuevas vías, si no gente que disfruta solucionando problemas.

Plantearse retos constantes es una manera de **acabar teniendo ideas innovadoras**. Pero no solo a la hora de escribir contenidos distintos, también por plantear estrategias que desafíen al equipo.

¿Cómo innovar en contenidos?

Es habitual pensar en **el departamento de I+D+I** como el lugar donde una empresa desarrolla nuevos productos. La innovación estratégica también se puede aplicar a identificar nuevos negocios o a descubrir nichos de mercado inadvertidos.

Pero la misma filosofía interna de **superarse frente a la competencia** puede adaptarse a desarrollar nuevos contenidos.

Utilicemos los 10 tipos de innovación que propuso Doblin para ver cómo enfocar los contenidos dentro de la empresa desde esta perspectiva[42]:

- **Modelo de negocio**: ¿puedes ganar dinero vendiendo tus los contenidos? Piensa en libros, ebooks, vídeo cursos… hay formatos más vendibles que otros.

---

[42] https://www.doblin.com/ten-types/

- **Networking**: ¿qué relaciones puedes fomentar para mejorar los contenidos de tu empresa? Piensa en cómo tu producto o servicio afecta a otros negocios. Por ejemplo, no te quedes solo en guests posts, también en qué escribir o aprender sobre otro sector.

- **Estructura**: ¿cómo está organizado tu departamento de contenidos? ¿Qué interacciones tiene con el resto?

- **Procesos**: ¿cómo de eficiente es la generación de contenidos? ¿Puede mejorarse su funcionamiento diario?

- **Producto**: ¿cómo de diferente es tu contenido respecto al de tu competencia? Seguramente donde más esfuerzo se hace para ser creativo pero ya ves que no es el único lugar posible donde innovar.

- **Sistema**: ¿cómo puede complementarse tu contenido con servicios o productos? O, al revés, ¿cómo tus productos o servicios se complementan con los contenidos?

- **Servicio**: ¿qué servicio al usuario cubres con los contenidos?

- **Canal**: ¿en qué canales distribuyes contenidos? ¿Mejoras la experiencia del usuario en cada uno de ellos?

- **Marca**: ¿cómo tus contenidos construyen tu marca? ¿Qué sienten los usuarios al consumirlos?

- **Engagement**: ¿tu contenido crea relaciones con tus usuarios? ¿Qué conexiones estableces con ellos?

Todas estas respuestas han de servirte para replantearte lo que has publicado hasta ahora, cambiar formas internas de trabajo y mejorar los resultados de tus contenidos.

Puedes plantearte el siguiente proceso:

- **Investigación**: empieza por analizar qué contenidos se hacen sin importar qué sector, país o modelo de negocio, tampoco medio, origen o formato. Es lo que llamaríamos 'estar al día' sobre contenidos, aunque cualquier conocimiento humanístico tendría cabida. También sería momento de poner al día la auditoría de tus contenidos.

- **Hipótesis**: después plantéate si todo lo aprendido con esa investigación se puede aplicar a tus contenidos o no. ¿Tendría sentido aprovechar algo? ¿Qué tendrías que hacer para intentarlo?

- **Prototipo:** para ser realistas, tendrías que preguntarte el riesgo que correrías en caso de implementarla. Por ejemplo, ¿cuánto has dedicado a hacer la nueva pieza de contenido según las nuevas características? ¿Qué te supondría realizar cambios en la jerarquía de la empresa?

- **Implementación**: el proceso se cierra cuando pones en marcha la producción del contenido o haces ajustes internos. También puede ponerse en pausa si descubres que aún no tienes los medios necesarios o la tecnología no lo permite todavía.

Piensa que la innovación suele inspirar a otras personas y empresas por lo que, irremediablemente, lo que en su momento fue novedad se acaba convirtiendo en cotidiano.

Así funciona **el progreso**.

Valorar el retorno

No es casualidad que el último apartado del nivel avanzado pudiese ser también el primero del nivel básico: en ambos los contenidos han de **justificar su valía**. Es otra de las muchas tareas del estratega de contenidos que se mezcla con otro perfil dentro de la empresa, en este caso con el responsable de analítica porque hay que contestar a una pregunta clave: **¿vale la pena** la inversión que estamos haciendo en los contenidos?

Podría tirarme a la piscina diciendo que sí, sin lugar a dudas. Pero hay muchos condicionantes partiendo del más básico: **no todas las empresas son iguales**. Esto implica que cada una tiene un modelo de negocio y sector diferente lo que hace que haya diferentes maneras de que algo se considere rentable. En otras palabras, **no todo el retorno es igual**. Por ejemplo, una microconversión puede medirse en fans de Facebook pero no sirve para cuantificar las ventas.

Uno de los motivos por los que hay diferentes maneras de valorar lo que se consigue con los contenidos es por sus múltiples **formatos y canales** de distribución. Cada uno tiene sus métricas y combinarlas para sacar aprendizajes globales puede resultar complejo cuando introducimos la variable **tiempo**: ¿cuánto ha de pasar entre que enviamos una newsletter y se produce una compra? ¿Y entre que publicamos un vídeo y conseguimos una descarga del ebook relacionado? ¿Cuánto tarda alguien en seguirnos en Twitter después de haber comprado nuestros productos?

La madurez también se puede definir teniendo en cuenta la medición que se utiliza. Por eso empezaremos por las métricas básicas hasta llegar a calcular el rendimiento de los contenidos.

Conviene aclarar que, para bien o para mal, **las métricas son las mismas para todas las estrategias**. La diferencia está en la interpretación que se da a cada una. Es por esto que una métrica puede llegar a ser un **KPI** (Key Performance Indicator o indicador clave de desempeño) cuando la relacionamos con el rendimiento de un objetivo. Por ejemplo, el número de fans en Facebook es una métrica válida para el crecimiento de esta red social pero no es el KPI adecuado para medir el número de clientes interesados en un nuevo producto.

Métricas básicas

Como vimos en la primera parte de este libro, las empresas cuando empiezan básicamente invierten su tiempo. No hay gastos en herramientas, solo el coste de su dedicación. Puede calcularse en horas al día o a la semana y deducir la parte proporcional del sueldo de cada persona implicada.

Así que el primer paso por tanto para valorar el contenido es tener **claro cuánto tiempo se dedica** a:

- Formarse sobre el uso de contenidos (leer este libro también cuenta).

- Aprender las herramientas gratuitas de publicación tipo WordPress, Twitter o Hootsuite.

- Redactar y compartir los contenidos en cada canal.

Aunque no se establece ningún protocolo para medir lo que se está haciendo, sí hay algo que preocupa: **el alcance de los contenidos**. ¿Cuánta gente lee lo que publicas? ¿A cuántos usuarios impactan tus mensajes?

La respuesta está en las **métricas de consumo de cada canal**, por ejemplo:

- Tráfico o páginas vistas de una **web y blog** así como las horas y días de la semana con más visitas, tiempo en el sitio, perfiles e intereses de los usuarios…

- Alcance en **Facebook, Instagram y Twitter** con los perfiles de los fans, horas de conexión…

- Aperturas de una **newsletter** pero también clicks, reenvíos y visitas a la versión web.

- Visualizaciones de un **vídeo** y también los suscriptores al canal corporativo o de la webserie.

- Descargas de un **ebook** y de la **app.**

Todos estos números nos ayudan a valorar **cuantitativa y cualitativamente** la trascendencia que tienen los contenidos para los usuarios. Por ejemplo, ¿he dedicado 3h de mi tiempo a hacer un post que solo han leído 30 personas? O, ¿he tardado 2 semanas en publicar ese ebook y no se lo descarga nadie?

Como ves, rápidamente se pasa del 'quién mira qué' al 'uso' que se da al contenido. Entramos entonces en **métricas de engagement**, es decir, cuántas veces se ha interactuado de alguna manera con un contenido. Son imprescindibles en los medios sociales aunque también pueden aplicarse a páginas web y newsletters. Por ejemplo, comentarios o respuestas, marcado que Me gusta, compartido con los contactos o retuiteado/citado… Cada canal tiene sus propias métricas y no queda más remedio que confiar en ellas.

Si se pone en relación el alcance/las impresiones (personas que han visto el contenido) o el total de audiencia potencial (seguidores en total sin tener en cuenta si lo han visto o no) con las interacciones (personas que han reaccionado al contenido) se obtiene **el ratio de engagement**. Con este porcentaje puedes saber si tu contenido influye en tu usuario.

Medición organizada

Los datos se empiezan a acumular… Para organizarte mejor, utiliza un documento que los agregue todos. Un **cuadro de mando integral (CMI)** es una manera fácil de reunir en un único lugar los KPI para así tomar mejores decisiones. El panel o dashboard puede ser una tabla donde se recojan los datos de todas las redes, de tu newsletter, de los anuncios que haces, de la analítica de tu web…

Algo a valorar es cada cuánto realizar la medición porque se ha demostrado que hay contenidos que duran en el tiempo más de lo que pensamos, sobre todo si los reciclamos. Una vez al mes te permitirá ver la evolución (el bosque) y no tanto el detalle de cada pieza (árbol). Planifícalo según lo que te interese más medir.

Una manera de organizar la medición es la que propone Curata[43]:

- Por un lado, los indicadores de **comportamiento del contenido**: consumo (los hemos visto antes), retención (bajas de newsletters, suscriptores al feed del blog, bounce rate o personas que solo visitan una página), compartidos (en redes, por correo o reenvío de la newsletter), engagement (comentarios, páginas visitadas por usuario, duración de la sesión), leads y ventas.

- Por el otro, los **costes operacionales**: tiempo propio de producción, distribución y promoción. Aquí hay que sumar coste de externalización de alguna tarea y los anuncios que se hayan podido hacer (paid).

Para cada métrica hay una **herramienta** que tiene la respuesta. Desde la analítica web que ofrece gratuitamente Google Analytics a software específico como Eloqua, Marketo, HubSpot o un CRM tipo Salesforce, pasando por las propias redes sociales: hay muchas opciones y elegir dependerá de lo que quieras medir realmente.

Por ejemplo, tanto el consumo como el engagement son métricas relacionadas con la primera etapa del funnel. Pero también hay que considerar los leads, las ventas y la fidelización como objetivos y, por tanto, necesitan métricas propias para ser valorados.

---

[43] http://contentmarketinginstitute.com/2015/10/metrics-categories-tools/

Un cálculo a tener en cuenta en esta etapa es el **ratio de conversión**, es decir, el porcentaje de usuarios que realizan una acción definida como objetivo. Aunque también el engagement mide acciones, como ya vimos al hablar de optimización, en este caso hablamos registros a eventos, altas de newsletter, envíos de formularios o clicks en banners para convertir usuarios a leads y éstos a ventas.

Visto en global, es una forma sencilla pero a la vez útil de **medir la evolución del usuario con tu contenido**: lo mira, le gusta, se engancha… y acaba comprando que es lo que inicialmente querías lograr. Es la visión de todo ello lo que da sentido al contenido y tan importante son los datos como las preguntas que contestan.

Por ejemplo, para tu newsletter podrías comparar números de suscritos > porcentaje de envío > de apertura > de clicks > visitas a la web > conversión a compra. Quizá entonces las preguntas que surgen son: ¿cuántos mensajes (contenidos en varios canales) tengo que publicar para conseguir 1 suscriptor? ¿Cuántos clicks necesito para lograr 1 venta? En definitiva en el caso de la newsletter, ¿cuántas tengo que enviar para que sean **rentables** los contenidos de mi email marketing?

Entramos entonces en un factor que me interesa especialmente al hablar de medición de contenidos: la **presión** entendida como repetición de mensajes corporativos frente a mensajes más, digamos, educativos o informativos, es decir, más orientados al marketing de contenidos. ¿Cuándo nos hacemos pesados por repetir demasiado 'compra', 'apúntate', 'síguenos'…? ¿Cuándo confiamos demasiado en que el usuario lo hará por si solo sin tener que pedírselo?

Algunas opciones para medir el marketing de contenidos desde esta perspectiva:

- **si presionas mucho**, habrá suscripciones en tu newsletter pero también muchas bajas que demuestren que la aportación de valor no compensa respecto a los mensajes comerciales que está dispuesto a recibir el usuario.

- **si presionas poco**, habrá seguramente más consumo pero poca conversión, lo que te alejará de los objetivos de negocio, aunque hayas conseguido mucho alcance quizá no compense el esfuerzo de generar contenidos.

¿Dónde está el equilibrio? ¿Cuál es el límite de presión que la gente está dispuesta a asumir? Hay algunas estadísticas que intentan contestar de manera general pero cada comunidad es diferente así que lo mejor es probar y seguir el viejo truco de ensayo y error para **balancear la presión** según más te convenga en función del estado de tu negocio y sus necesidades a lo largo del año.

Por último, relacionado también con la pregunta que nos hacíamos de cuántos contenidos hay que publicar para que la estrategia sea rentable, la cantidad es un factor a tener en cuenta puesto que en el nivel intermedio la cantidad es más importante que la calidad. Y es que, antes de saber **cuánto cuesta** el contenido, hay que saber **cuánto se necesita**.

Volvamos al tema del tamaño: empresas más grandes tendrán más productos, más perfiles que atender y, por tanto, más contenido que producir para más canales. Por ejemplo, una empresa mediana podría necesitar 10 posts al mes, 1 newsletter mensual para 2 perfiles diferentes, 1 vídeo cada dos semanas y 1 infografía al mes; pero una pequeña con 1 post a la semana y 1 newsletter al mes podría tener suficiente.

Eso una vez ya sabemos qué vamos a publicar pero muchas veces hace falta **diseñar una estrategia previamente**, lo que añade otra partida a este hipotético presupuesto. La ventaja es que solo se hace una vez, al inicio, y que hacerla asegura mejores resultados para los contenidos ya que están razonados.

Y también hace falta pensar en la **distribución**, es decir, en el mantenimiento de canales corporativos que no tienen por qué ser gratis y en un community manager que les dé **difusión** y alimente las redes sociales, por no entrar a medios de pago. Además, según la empresa, también haría falta traducción o maquetación de los contenidos… más coste a añadir a la previsión.

Resumiendo y redondeando para no entrar al detalle de cada cosa porque no es ese el objetivo del cálculo, el total de inversión necesaria para pensar, crear y distribuir ese contenido pueden ser unos **30.000 euros al año**. Viendo el salario de algunas ofertas de trabajo, ese monto equivale a **un par de personas a media jornada** (idealmente con algún tipo de formación en contenidos).

Según la empresa, esta inversión será mucha; para otros será poca.

Destinar un porcentaje fijo del presupuesto a contenidos, por ejemplo un 20 o 30%, es otra manera de poner en perspectiva cuánto puede costar. Entrando al detalle, la propuesta de Contently es repartir el presupuesto de los contenidos de la siguiente forma[44]:

- 30% para la producción externa del contenido.

- 25% para las personas dentro de la empresa que gestionan y crean el contenido (podría sumarse a la externalización si ésta no es necesaria porque el departamento es grande como para asumir la creación de todo tipo de contenidos como vídeo, ebooks, newsletters, infografías…).

- 25% para la parte tecnológica de los contenidos como software o herramientas de gestión, y analítica.

- 20% para la distribución de contenidos en canales de pago.

Los porcentajes pueden variar pero es una manera de poner en valor tanto la creación como la promoción de los contenidos.

Cálculo del impacto

A medida que vamos utilizando más los contenidos, pasamos de centrarnos en la cantidad para fijarnos más en la **calidad** de lo que estamos publicando y su rendimiento.

Por ejemplo, algunas preguntas que conviene que te hagas:

- Estoy presente en x redes sociales, mi audiencia potencial es de x personas pero, ¿son del perfil de cliente que me interesa?

- Tengo x suscriptores en mi newsletter pero, ¿cuántos fueron antes clientes?

- Tengo x seguidores en Twitter pero, ¿son del país donde tengo tiendas?

- Tengo x fans en Facebook y x% está hablando de mi pero, ¿cuántos hablan bien o mal?

---

[44] https://contently.com/strategist/2016/01/12/how-to-maximize-your-2016-content-budget/

- Tengo x contactos en LinkedIn pero, ¿cuántos me recomendarían a un cliente?

- Han visitado hoy mi web x usuarios, ¿de qué páginas de referencia vienen los que compran más?

La analítica web sigue siendo nuestra aliada para contestar a casi todo ello. Y puedes estar feliz porque has tenido muchos retuits a una foto, miles de descargas de un ebook o por salir primero en Google por una expresión concreta. Pero **el impacto de los contenidos en tu negocio** es lo que al final realmente importa. Así que vamos a tratar de responder a la temible pregunta que persigue a cualquiera que se dedique a crear contenidos: '**se invierte mucho, ¿cuánto se recupera?**'.

Otra forma de plantearlo es: **¿te compensa dedicar [poner aquí los recursos dedicados] si consigo [poner aquí los resultados]?** Para lo primero, has de tener en cuenta la externalización y la inversión en herramientas que dejan de ser gratuitas a medida que vamos profesionalizando el uso de los contenidos. Para lo segundo, la forma más clara y directa es ver si tu facturación ha aumentado desde que has empezado a implementar la estrategia.

Por ejemplo: ¿me compensa dedicar 5 horas a la semana a mi newsletter si consigo una tasa de apertura media del 50%? Para empezar, fíjate que mido lo que consigo en métricas básicas (emails abiertos). Es fácil responder **poniendo en contexto las dos variables**: ese tiempo también me sirve para el blog y los ebooks porque reciclo el contenido; esa apertura me permite estar cerca de clientes y me han salido varios proyectos gracias a ella. Aún podría sacar más conclusiones si me fijo en cuántos clientes son suscriptores, cuánto he ingresado por esos proyectos o incluso cuánto tiempo he ahorrado al escribir este mismo libro por utilizar algunas newsletters que ya había enviado a mis suscriptores. Además, he de tener en cuenta el coste mensual de MailChimp en la variable de gastos.

A partir de aquí es cuando las preguntas se complican: ¿si lograse una apertura del 80% tendría más clientes? ¿Si aumentase el número de suscriptores tendría más clientes? ¿Si dedicase más tiempo a la creación o promoción de la newsletter conseguirá mejores resultados?

El mismo tipo de preguntas se puede aplicar a cualquier canal. Como el blog: si dedico 10h al mes al escribir posts, ¿cuánto más venderé? ¿Será el doble si publico el doble de artículos? Y lo mismo con las **reacciones sociales**. Si tengo 1000 fans, ¿cuánto tráfico extra llevaré para mi web? O, si un post tiene 100 compartidos socialmente, ¿cómo influye en mi reputación? O, ¿cuándo puedo empezar a rentabilizar a mis followers?

Si alguna vez te ha rondado alguno de estos interrogantes, tengo la solución. Y la respuesta del millón es… **pruébalo y a ver qué pasa**. La mayoría de las veces es lo mejor que puedes hacer.

Sí, hay estadísticas que dicen que las empresas con blog venden más que las que no lo tienen. Pero hay muchas otras cuestiones a tener en cuenta, no es tan sencillo.

¿Cómo saber que las ventas están directamente relacionadas con un canal y no con otras acciones? Si todas son online, es más fácil responder porque puede separarse la conversión según la plataforma. Si no, es muy difícil.

La fórmula clásica del **ROI** es la solución a todo lo que tenga que ver con rentabilidad así que debería valer para los contenidos, ¿no? Personalmente no la veo apropiada cuando no hay plazos de tiempo claros, pero resulta evidente que es necesario poner en relación de alguna manera **lo que se gasta y lo que se recupera** para decir que el tiempo invertido ha llevado a algún beneficio.

Preferiblemente, las dos variables (inversión o gastos y retorno o ingresos) se deben contabilizar con la misma unidad métrica. El problema es que hemos hablado tanto de intangibles (reputación) como de resultados directos (ventas) y combinar ambos en una fórmula es algo más complejo de lo que habitual en estos casos. Y ahí es donde radica la dificultad: en **hacer que lo intangible sea medible**. Por eso más sencillo medir lo cuantitativo.

Una fórmula para medir el impacto de los contenidos en el negocio es el **coste de adquisición de clientes** (CAC o CPA si consideramos las siglas en inglés de Cost Per Acquisition), es decir, cuánto hemos invertido para conseguir una venta. Un buen complemento a este número es el del **valor del ciclo de vida del cliente** (CLV), es decir, cuántos ingresos realiza un mismo cliente hasta que deja de serlo.

Por un lado, el CPA se calcula sumando todos los esfuerzos por conseguir un cliente y dividiendo ese total entre los clientes conseguidos. Por su parte, el CLV se calcula teniendo en cuenta el valor medio de compra, las veces que compra al año y los años que le consideramos cliente activo. Todo ello multiplicado sería su ciclo de vida. Si lo comparamos con lo que hemos invertido en hacerlo cliente, veremos si lo que hemos hecho ha sido rentable o no. Puede calcularse teniendo en cuenta todas las acciones de marketing, un canal en concreto o incluso una pieza de contenido como un post o un ebook si queremos saber el coste por suscriptor o por fan.

Lo miremos como lo miremos, lo que hay que medir es si **vale la pena seguir generando contenidos**, es decir, la estrategia en general. Una visión individual (aquel tuit que parece que nadie ha visto, ¿sirvió de algo?) algunas veces distorsiona la realidad, es mejor responder viendo el conjunto (¿mis seguidores de Twitter se darían cuenta si hoy no publico algo?).

Contesta a cualquiera de las preguntas que he planteado en este apartado teniendo en cuenta tu propio caso y verás que al final lo más importante es **no perder de vista el objetivo** y encontrar la mejor manera de medirlo, es decir, establecer los KPI desde el inicio para seguir por el buen camino.

De negativo a positivo

Si tus cálculos dicen que tienes un ROI **negativo** porque has invertido demasiados recursos en generar y promocionar un contenido pero luego nadie compra, nadie clicka, nadie recomienda o cualquier otra acción que querías que hiciese el usuario: no desesperes. Puedes darle la vuelta a la tortilla.

Para volverlo positivo, piensa en combinar los recursos que tengas y sacarles así mayor beneficio, es decir, **rentabilizar mejor los contenidos**:

- Pedir la colaboración a tus seguidores para **conseguir mayor visibilidad**: la compra social y otras barreras son posiblemente la opción más directa, aunque también puedes usar ciertas llamadas a la acción cuando no tengas algo tan claro qué ofrecer a cambio pero sí ganas de aumentar la relación con tu comunidad. Y, aunque parezca evidente, no te olvides de enlazar correctamente.

- Crear contenidos **más orientados a conversión**: aumentar el porcentaje de contenido comercial es la posibilidad más directa, una menos directa es hacer más evidentes las opciones de compra en la barra lateral o en elementos de diseño destinados a éste efecto. Lógicamente, asegúrate de que lo que estás publicado está relacionado con tus productos o servicios y que no te has alejado demasiado de la visión de tu negocio.

- Reaprovechar el contenido es la mejor forma de **invertir menos** en la creación. Además, ten presente que, gestionando bien tu tiempo, cada vez tardarás menos tiempo en crear los contenidos con lo que la fórmula aumentará en cuanto a beneficios.

- Evalúa mejor las **herramientas** para encontrar la que te ayude a gestionarte mejor.

- Reduce **gastos de tiempo**: puedes automatizar los canales que ves que no te dan tanto rendimiento, de esta manera conservas a las personas que siguen ahí pero no te esfuerzas por conseguir nuevos seguidores.

Cortar con los contenidos es seguramente la forma más fácil de reducir costes pero ten en cuenta también que estarás cortando con tus clientes.

En la práctica

En los niveles anteriores has contestado a una serie de preguntas clave de cada capítulo. Para hacer una estrategia profesional, tendrías que contestar a unas cuantas más:

- ¿Cómo trabaja tu competencia sus contenidos?

- ¿Qué sabes de tus buyer persona y su customer journey?

- ¿Cuál es tu ADN? ¿Qué territorios de marca ocuparás?

- ¿Qué harás para optimizar tu contenido previo?

- ¿Cómo planificarás la publicación de contenidos?

- ¿Qué contenidos tiene tu biblioteca?

- ¿Cómo se organiza tu empresa?

- ¿Cómo calcularás el retorno de los contenidos?

Las respuestas puedes presentarlas de diferentes formas para crear el entregable o documento para justificar a tu jefe lo que quieres hacer. En mis clases, algunas veces pido un documento escrito de más o menos páginas (según lo avanzado del proyecto) con un índice básico; otras una presentación a la clase en formato PowerPoint con los puntos más destacados y gráficos o tablas; y otras simplemente un calendario a modo de resumen de toda esa planificación.

Y es que una estrategia puede tener **muchas formas de presentarse** y, ahora que tienes todas las respuestas, te propongo algunas para que encuentres la que te parezca más adecuada aunque ya te avanzo que tienen muchos aspectos en común.

Bert van Loon propone un content marketing roadmap[45] con 6 puntos que se pueden ver desde una visión más estructural dentro de la empresa o de los requisitos técnicos necesarios. Incluye:

1. **Objetivos**: trasladar las metas de la empresa a objetivos concretos y medibles.

2. **Análisis**: desde conocer a la competencia a medir los contenidos ya existentes, hay diferentes formas de acercarse a esta investigación previa.

3. **Estrategia**: tomar decisiones como mensajes clave y audiencia, canales prioritarios, recursos disponibles, métricas y KPI.

4. **Concepto creativo**: identificar el potencial de los contenidos para que duren en el tiempo y representen a la marca fielmente.

---

[45] En su web tienes una plantilla para rellenar con todo lo que hemos visto http://contentmarketingroadmap.com/wp-content/uploads/2014/09/Content-Marketing-Roadmap.pdf

5. **Implementación**: organizar quizá no un departamento pero sí una forma de gestionar los contenidos que permita llevar a cabo el plan.

6. **Medición**: analizar para mejorar.

Chris Lake propone utilizar un su Strategy Canvas de manera que gráficamente sigue la metodología canvas para incluir[46]:

- **Audiencia**: ¿a quién te diriges y por qué?

- **Auditoria**: ¿qué tienes y dónde hay huecos que llenar?

- **Marca**: ¿cuál es tu voz y tono?

- **Producción**: ¿cómo se organiza el equipo?

- **Formatos**: ¿cuáles vas a utilizar?

- **Workflow**: ¿qué calendario o herramienta de gestión tienes?

- **Distribución**: ¿qué canales usarás, propios o de pago?

- **Stakeholders**: ¿quiénes son las personas implicadas dentro y fuera de la empresa?

- **Objetivos**: ¿cuáles tienes para los contenidos y cómo los medirás?

Por su parte, Francois Lanthier propone lo que llama Plan Mínimo Viable (MVP o Minimum Viable Plan) para la estrategia de marketing de contenidos e incluye[47]:

- Los **contenidos** clasificados por formato, canal, objetivo, etapa del funnel, acción deseada, extensión y frecuencia.

- Los **mensajes** según las personas, keywords y misión.

- La **medición** de los objetivos de negocio en trimestres.

- El análisis de la **competencia** con los mensajes clave, temáticas, frecuencia, llamadas a la acción.

---

[46] https://searchenginewatch.com/2016/03/22/introducing-the-content-strategy-canvas/
[47] http://www.flanthiernadeau.com/content-marketing-mvp/

También puedes descargar la plantilla en Excel si prefieres esta forma de organizarte[48]. Aunque lo llame 'mínimo' resulta muy completo para trabajar en el día a día.

Por último, Marketo en su ebook 'The Content Marketing Machine' propone una serie de pasos para llegar a lograr una biblioteca o, como señalan en el título, para tener una **máquina de generar contenidos**[49].

Los pasos que propone para lograrla son:

- Preparar la máquina:

  1. **Planificar la estrategia** para que cada contenido haga avanzar el usuario a la siguiente etapa.

  2. Asignar un equipo que se encargue de crear y gestionar el contenido pero también puede ser suponer externalizar así que se trata más bien de **asignar recursos al plan.**

  3. Generar ideas para el contenido es algo que siempre debemos estar haciendo, cualquier miembro de la empresa puede, incluso se pueden guardar en un **almacén de ideas** y así tenerlas a mano para cuando se necesiten (herramientas como CoSchedule, Notion y Trello permiten hacerlo fácilmente).

  4. Producir y distribuir los contenidos es otra forma de decir que se necesita un **calendario editorial** que organice las personas que lo crean y su publicación, como hemos visto anteriormente.

- Engrasar la máquina:

  5. **Conseguir tráfico** por las diferentes vías posibles (buscadores, redes sociales, anuncios, influencers…).

  6. **Convertir las visitas en leads** ya sea gracias a suscripción por correo, webinars, descarga de ebooks…

---

[48] https://docs.google.com/spreadsheets/d/1SMXSIrcREGuvNlo8PbRSrk6G--xU9-iW4RM1cB0GL60/edit#gid=0

[49] ebook "The Content Marketing Machine" disponible en https://www.marketo.com/ebooks/build-and-operate-content-marketing-machine/

7. **Medir los contenidos y optimizar** la máquina
    revisando conversión, fuentes de tráfico, fechas de
    publicación, autores…

Es una forma de presentar tanto la estrategia como de planificar su
implementación. Por eso la he dejado para el final para que sirva un
poco de resumen de todo lo que hemos hecho.

Obviamente, no has de utilizar todas estas opciones que te he
planteado para preparar el entregable final. Quizá con el cuaderno
que has ido preparando ya tienes suficiente. Solo te propongo es que
aprovechas esas plantillas para ver cuál prefieres y entonces diseñes
la estrategia como tú quieras: con tus datos, tu diseño, tus
decisiones…

¿Cuál es la siguiente etapa?

No son pocas las técnicas que hemos visto a lo largo de todo el libro. Si empezaste desde el principio, habrás visto la evolución que han hecho tus contenidos. Paso a paso has podido **madurar tu estrategia de contenidos**, en cada parte hemos profundizado un poco hasta llegar aquí. Hagamos un rápido repaso de todo ordenando los pasos:

- En el nivel avanzado vimos cómo podías **analizar a la competencia** y realizar una **auditoría** de tus propios contenidos.

- Con esta documentación previa, resultó más sencillo establecer los **objetivos** de tu empresa, de marketing y de contenidos. En el nivel intermedio los clasificaste siguiendo el acrónimo GOST.

- Conociste a tu **cliente** ideal en el nivel básico y lo situaste en un ciclo de compra en el intermedio. Fue en el nivel avanzado cuando definiste cómo este perfil hacía un recorrido antes y después de comprar.

- La **línea editorial** la encontraste a partir de una serie de keywords en el nivel intermedio y en el avanzado le diste personalidad a tu empresa en el avanzado, identificando su ADN y el territorio afín.

- Los **canales** pasaron de ser solo web, blog y redes sociales mínimas en el básico a elegir entre todas las opciones y optimizarlos para darles un uso más racional en el avanzado.

- La organización de la empresa empezó siendo un pequeño **calendario** personal y acabó siendo un sistema de gestión dentro de una cultura del contenido.

- La **medición** no se tenía en cuenta en el nivel básico pero avanzamos hasta calcular el impacto que los contenidos tienen en tu negocio, directa o indirectamente.

Hemos hecho mucho, vamos a reseguir los pasos para hacer una estrategia con la mirada puesta en su futuro.

Objetivos: ¿siempre vendemos lo mismo y de la misma forma?

Cuando explico en clase este punto de la estrategia, suelo decir que la mayoría de la gente tiene claros sus objetivos y que, al final, **todos queremos vender algo**. Según el negocio, tendremos diferentes productos o servicios a comercializar, claro.

Hay poca variación si no nos fijamos en que podemos **vender de diferentes maneras**: creando marca, mejorando la reputación o fidelizando, por ejemplo. A lo largo del tiempo podemos intentar focalizarnos en una estrategia diferente para conseguir lo mismo.

Perfil de la audiencia: ¿los usuarios no cambian?

Seguramente en este punto es donde más variaciones pueden producirse si hacemos caso a las tendencias: **los usuarios son/somos muy volubles**. Hay muchas estadísticas que intentan describir los diferentes perfiles de usuario para, precisamente, afinar en las comunicaciones con ellos. Y es que este punto de la estrategia es muy importante para lo que vendrá después: **si el usuario cambia significativamente, la táctica también ha de variar**.

El cambio no siempre influye decisivamente en las decisiones tomadas. Además, cuando se tienen varios perfiles de usuario, la **evolución global** es menos perceptible.

Línea editorial: ¿nuestros mensajes varían en el tiempo?

Si nosotros no cambiamos y nuestros productos tampoco, ¿por qué deberían hacerlo **nuestros mensajes**? Principalmente por el punto anterior: porque nuestra audiencia puede variar, aprender y ser más sensibles a otras comunicaciones. Siguiendo esta línea, los productos también deberían adaptarse.

Después de cierto tiempo, podemos tener la sensación de que lo hemos dicho todo, que ya no tenemos nada que contar o que nos repetimos más que el ajo. Una solución es **ampliar nuestro círculo temático para no quedarnos estancados** y sentir que seguimos más las tendencias. Y aprovechar la actualidad para adaptarnos a lo que están buscando y ganar así también mayor visibilidad.

Canales: ¿aparecen nuevas vías de distribución que sean útiles?

Mirando hacia atrás también se puede aprender sobre el futuro: las redes sociales que 'ahora' triunfan, hace algunos años no existían. O estaban aún en pañales y han evolucionado mucho. ¿Cómo vamos a predecir cuál habrá dentro de 6 años o cómo habrán cambiado? **Si solo pensamos en canales, es imposible saber qué pasará**.

Tenemos que ir adaptándonos poco a poco. Probarlos y conocerlos suficiente como para juzgarlos y **decidir si nos son útiles para lo que queremos, para nuestro día a día**.

Calendario editorial: ¿nos acostumbramos fácilmente?

Definir la **frecuencia de publicación** es algo que nos ayuda a **ser constantes**, a establecer una rutina, a lograr lo que queremos a base de repetir. Fijar un calendario es una de las cosas que más cuesta a mis alumnos, en cambio, es la que más valoran mis clientes. Quizá es una cuestión de práctica pero es básico para repartir bien los mensajes y alimentar los canales correctamente para que lleguen a la audiencia como queremos.

Así que, ya ves, pueden pasar muchas cosas en el futuro: nuevas estrategias de contenidos, nuevos formatos y canales o nuevos objetivos porque tú y tu empresa también podéis cambiar.

Depende de ti

Por el camino hacia la madurez y más allá, no dejes de utilizar la única herramienta imprescindible de todo content strategist. No es una herramienta de gestión de proyectos, ni de creación ni siquiera de curación de contenidos. No es Facebook, no es Word, no es Google. Nada de eso, no es un software ni un servicio online. Es algo aún más básico, más fundamental pero tan importante que **es lo que decide si una estrategia tiene éxito o no.**

¿Se te ocurre qué puede ser? Piensa un poco más. La usas cada día aunque no te hayas dado cuenta. Lo tienes muy cerca, al alcance de tu mano, de hecho, está sobre tus hombros. Sí, es tu cabeza, tu cerebro, tu inteligencia o como quieras llamar a **las ganas de pensar**, a lo que **toma las decisiones** o a la capacidad de **argumentarlas**.

Para que quede claro: no es la creatividad, originalidad o visión innovadora de los contenidos. Podría serlo y desde luego que son factores a tener en cuenta. Pero antes hay que atacar la parte racional de la estrategia. Recuerda que el azar, como el miedo, no es una opción.

Pensar, pensar y pensar. Mézclalo con **leer**, **investigar** y **analizar** para asegurarte de que tus ideas tienen sentido y son posibles, y tendrás muchas más posibilidades de tener una estrategia ganadora. Si sigues unas plantillas o simplemente te guías por lo que hacen los demás sin pensar antes si debe ser así, estarás cerca del fracaso.

Para hacer una estrategia de contenidos, hay que:

- **Reflexionar sobre lo que puede ser mejor o peor**, lo que será más rentable o lo que gastará más recursos…

- **Tomar las mejores decisiones posibles** después y solo después de haber valorado los pros y los contras de todas las opciones.

- **Justificar las conclusiones** que se plasman en el documento entregable.

- **Saber argumentar** frente el cliente o el superior cuando pregunte el fatídico: ¿por qué? O ¿Y por qué no esto otro?

Podemos basarnos en **datos** o en la **experiencia**, pero las estrategias no se construyen con frases que empiecen con 'yo creo que…'. Una creencia es solo el primer estado de una idea. Hay que evolucionarla, seguir pensando en ella, hacerla crecer, blindarla con evidencias hasta confirmar que podrá enfrentarse a quien se le ponga por delante. Incluido el usuario final porque, nunca lo olvides, es para él es para quien se piensa la estrategia.

Parece complicado al principio pero poco a poco **empezarás a divertirte con los contenidos**, a atreverte a probar cosas nuevas. Entonces, sin darte cuenta, invertirás más tiempo y esas horas no se te harán largas si no entretenidas. Aprenderás por tu propia experiencia que los contenidos pueden enamorar y no ser un rollo de una noche, pasarán a ser **algo que contribuye positivamente a los objetivos de tu empresa**.

Exacto: **depende de ti** que los contenidos hagan crecer a tu empresa. El símil andar que se usa con la madurez me sirve para responder a la pregunta de este capítulo. Empezamos gateando y ahora ya corremos pero, ¿qué se hace después de una maratón?

Algunos lo convierten en su trabajo y se vuelven corredores profesionales, otros se dan por satisfechos y siguen entrenando pero solo para mantenerse y aún hay otros que buscan nuevos retos y se apuntan a otro deporte.

Piénsalo por un momento, ¿qué harías tú? Tu respuesta, aquí y ahora, te indica cuál es **tu siguiente etapa**. Mañana o dentro de un año cuando acabes de implementar la estrategia puede ser otra. Tendrás otra experiencia. Habrás superado las incógnitas iniciales: ¿cómo elegir la mejor opción? ¿Cuándo saber que se hace lo suficiente para conseguir algo? ¿Seguro que se está haciendo todo lo posible? Y tendrás nuevos retos por delante a los que enfrentarte a diario y sin perder de vista el largo camino que has recorrido y el que aún tienes delante.

No te desanimes. El cuaderno que has ido utilizando te ayudará a no perderte. Te he ido dejando enlaces a artículos y libros para seguir aprendiendo y en la web de este libro tienes, además de esa bibliografía navegable más fácilmente, otras pistas para que los contenidos hagan crecer tu empresa: www.evasanagustin.com/estrategiadecontenidos.

Sobre Eva Sanagustín

Organizo, redacto y sugiero contenidos como freelance desde 2009, aunque me dedico a ello desde 2002. Planeo estrategias de marketing de contenidos y escribo para webs y blogs de empresas.

Imparto clases en másteres y postgrados, siempre explicando mi experiencia en la estrategia de contenidos, marketing de contenidos, content curation y redacción de contenidos. También hago formaciones incompany a empresas que quieren aprovechar los contenidos de forma estratégica o aprender a redactar en medios sociales para conseguir mayor visibilidad.

He publicado más de una docena de libros relacionados con los contenidos, el marketing y los medios sociales. Los últimos están disponibles solo en Amazon.

Mantengo desde 2004 mi blog y, tanto ahí como en mi newsletter y redes sociales, me centro en divulgar el buen uso de los contenidos publicando experiencias y reflexiones personales, además de sugerencias de lecturas relevantes en este sector.

Toda mi vida digital está en www.evasanagustin.com.